すべての答えは、あなたの中にあるから
あなたの心の声を
行動をもって形にすることが大切だと思うの

私が日々やっていることは
〝目の前の人を喜ばせる〟
ただ、それだけ

もしも、多くの人が
毎日、目の前の人を喜ばせることができたら
自分の人生も、まわりの大切な人の人生も
きっと輝く人が増える

輝く人が増えたら
もっと世界は
ハッピーになるんじゃない？　って
私は思う

ずっと夢見てた社会、それは
お互いに認め合える自由な社会

大きなことを言うなって
思われるかもしれないけれど
小さなできることを続けていけば
きっと未来につながっていく

〝思ったことは現実になる〟
この言葉をただひたすら信じるの
大きなことは１人じゃできないけれど
すべての出来事は
たった１人の思いから始まるよ

だからね
私の思いに共感して
「いいね」って言ってくれる
みんなには「ありがとう」しかなくて
仲間になってくれることが
何よりも嬉しい

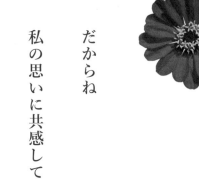

開運モンスター

朝活ファシリテーター
まさみん

内外出版社

まさみん応援メッセージ❶

〝ゆとりの女神〟まさみん

ひすいこたろうさん

小さなお子さんはじめ、子どもが3人いるママさんは忙しい。
しかも子育てをしながら、お金もしっかり稼ぐなんてもっと大変。そんなママさんがいるとしたら、多分、すっごい忙しいはずだし、自分の好きにできる時間なんかないはず。

ところが、そんな常識をかわゆく破ったのが**〝開運モンスター〟**まさみんです。

まさみんは、好きなことをする時間をたくさんもっている。なぜならば、**「午前3時の手帳会」**を主催しているから。朝3時にはもう活動しているからです。

朝活のZoomに約100名が集まる。そして朝4時35分まで、みんなそれぞれ各自で好きなことをする。読めなかった本を黙々と読むのもあり。朝3時からなら誰にも邪魔《じゃま》されずに好きなことを謳歌《おうか》できる。しかも朝3時起きは1人では続けられなくても、みんなで集まるから、楽しく習慣になり続けられる。

朝の静寂な時間に1時間35分もやりたいことをやる時間を自分にプレゼントしてあげられる。なんて贅沢《ぜいたく》なんだ。

そして4時40分には解散。その後は、もっとまさみんと深くかかわりたいという方への有料コンテンツに入る。いわゆる、これがまさみんの仕事であり、収入源になっているわけですが、その仕事も朝6時には終わるそう。

ここからお昼まで、まだ6時間もあるのです。その6時間を、大切な家族や友達との時間にするのです。午前3時の手帳会、恐るべし！

毎日自分がやりたいことをやって、仕事も終えて、そのあとさらに6時間も大切な人とゆったり過ごす時間があり、それが終わってもまだお昼の12時です。まだランチタイムなんです。夜は20時過ぎには寝ることが多いそうですが、まだまだ1日は8時間以上あるわけです。時間は生み出せたんです。

3人のママだって、自分が好きなことをやれる時間がある。
家族とゆったり過ごす時間がある。
そして全国に仲間をたくさんつくれる。

朝早く起きたら、いちばん大切にしたいことを、いちばん大切にできる。

そこから生まれる心のゆとり。ここに幸せの秘密があり、開運の秘密があります。

僕には、まさみんがNYの自由の女神のモチーフになった、ドラクロワ作「民衆を導く自由の女神」に見えます。

「忙しい」とは「心」を「亡《な》」くすと書きますが、文明が進化した結果、僕らは時間（心のゆとり）を失い、毎日が忙しくなりました。そのゆとりを取り戻した女神がまさみんです。

おそらく100年後、まさみんの住む近くにある琵琶《びわ》湖には、自由の女神ならぬ、ゆとりの女神として、まさみん像が飾られていることでしょう（笑）。

でも、これは、ほんとうは、かつての日本人の生き方なんです。

天皇や貴族が政治を行う場所を朝廷と言いますが、なぜ朝という字がつくかというと朝6時には仕事を始めて、お昼にはその日の仕事を終えていたからだそうです。

朝を活かせば、僕らもまさみんのようにゆとりを取り戻せます。自らの好奇心を追いかけられるゆとりがある。そのゆとりこそ**運の源泉**です。

ではでは、最後におまけの話。まさみんは僕のやっている「ものの見方を伝える塾」に親子で来てくれたのがご縁です。北海道でもやったのですが、そのときは、中学生の娘さんだけ来てくれました。

中学生が、1人で飛行機に乗り、北海道まで来てくれるんです。感動しました。

ママである、まさみんが自分の好奇心を大事にして、全国を飛び回る姿を見ていたからこそ生まれた娘さんの行動力だと思います。

どんな状況だって、自分の気持ちを大事にできる方法は必ずある。そして、いちばん大事にしたいことをいちばん大事にするその姿は、まわりに伝染し、受け継がれていきます。まさみんは、数年前まで「どーせムリ」がログセだったと言いますから、そんなまさみんもできたんだから、あなたも変われるはずです。

よし、僕も明日は5時に起きよう。

いや、まずは6時にするかな（笑）。

［プロフィール］

作家。「視点が変われば人生が変わる」をモットーに、ものの見方を追求。『3秒でハッピーになる名言セラピー』がディスカヴァーMESSAGE BOOK大賞で特別賞を受賞しベストセラーに。他にも『あした死ぬかもよ？』『前祝いの法則』などベストセラー多数。4次元ポケットから、未来を面白くする考え方を取り出す「この星のドラえもんになる！」という旗を掲げ、YouTubeで「名言セラピー」を日夜配信。

プロローグ

あなたがもし1人ぼっちだと思っているなら……

朝活ファシリテーターの〝**まさみん**〟こと吉川真実です。
この本を手にしてくれたことに心からの〝ありがとう〟を伝えたいです。
そして、本を通して、あなたと出会えたことを嬉《うれ》しく思います。

私はずっと自分と向き合い、心に問いかける活動をしてきました。
「いいやん！」と自分が自分を認めることを習慣化したことで、心から信頼できる仲間と出会い、自分が1人じゃないと思えるようになりました。心を整え、生活を整え、いつも、どんなときでもご機嫌でいる気持ちを大切にしながら、**「私の人生を生きる」**をモットーに自分が主役の人生を生きることができるようになりました。

でも、だって、どうせ……言い訳ばかりだった私が何を大切にし、どのように変わることができたのか、それを、そのまま書いています。少しでも共感できるところがあれば、あなたの日常に取り入れてみてください。

まずは、小さな一歩を踏み出してみて。
自分のまわりの世界がどんどん変化していきます。

私のミッションは、**誰もが自由に生きる優しい世界を創《つく》ること。**
その世界は私の友人が実践している「愛結《まなゆい》」という全肯定のメソッドにある「私が私を受けいれ、認め、ゆるし、そして愛すること、すべては私を受けいれる」ことから始まるんだと思ったのです。

今、私は「筆文字アーティスト」や「朝活ファシリテーター」として活動するかたわら、仲間とみんなで**「午前3時の手帳会」**というコミュニティを毎朝オンラインでやっています。毎日休むことなく続けてきたおかげで、2023年4月3日には1000回目の朝を迎えることができました。

私のことを知らない人もたくさんいると思います。

私〝まさみん〟って、こんな人間です。

〝まさみん〟を知ってくれたら嬉しいです。

まさみんのマイルール

◎ぴんときたらやる

◎優先順位をつける

◎今日できることは今日する

◎目の前のことに全力集中

◎できるときにできることをする

◎答えが出ることだけ悩む

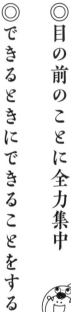

今の私は毎日、**〝今、ここ〟**の気持ちを大事にしながら生きられるようになりました。今に集中すると、毎日がミラクルの連続で、ほんとうに人生がどんどん好転していきました。

気がつけば、自分の**「運」**もみるみるうちに開いていき、人からは**「開運モンスター」**と言われるようにまでなりました。自分でも驚きです。

でも、以前の私はまったく真逆の人間でした。

ぴんときてもやらないし、優先順位はぐちゃぐちゃ。そして、今日できることも後回し。目の前のことに集中できず、できるときにできることをやらないので、期日が迫ってきたら「やばい、やばい！」と言いながら時間に追われる毎日でした。

そして、いつも答えが出ないことばかりをウジウジ悩んでいたのです。

ね？　ぜんぜん逆のタイプでしょ？

ずっと1人ぼっちだと思っていた私。

自分の心の扉を開くのが怖くておびえていました。

相手の心が閉じられているから私も心を閉じているんだ……と思っていました。でも、自分の心の扉を閉じていたら、相手だって同じように閉じるものです。すべては自分次第なのに、当時はずっと相手や環境のせいにしていたのです。

少しずつ自分を変えていくうちに、**ありのままの自分**を受け入れられるようになりました。たくさん挑戦もしたし、たくさん失敗もしました。

今の私になれたのは、当時、ずっとそばで認め続けてくれていた仲間のおかげ。たとえ失敗したとしても、責めることなく、「やりきったやん！」とできない私にいつも手をさしのべてくれていました。

変わる前の私は、認められる言葉を欲していました。「苦手なこともがんばってやってるよ！　認めて！」と人の評価ばかりを気にしていました。

「私、こんなに頑張ってるよ！　だからほら、認めて!!」と。

そして、頑張らないと認められないと思い込んでいたので、

「私は頑張らないと何もできない。簡単にできる人がうらやましい」

そうやって勝手に1人でへこみ、いつも他人と比較ばかりしていました。


今はまったく違います。

何かをするから認められるのではなく、ありのままの自分でいるだけで、その姿がまわりにも伝わって、心地よい世界が広がっていくのを体感しています。

そして、私の中から、

「あなたはあなたのままでいいよ！」

「私はあなたを認めるよ」というメッセージが湧き上がってくるのです。

私が、自分の人生を通して伝えたいこと。それは、とてもシンプルです。

大人も子どもも自分を丸ごと受け入れ、過去でもない、未来でもない、**〝今、この瞬間を生きる〟ということ。**

そのためには、ありのままの自分を受け入れ、自分を知ることがとても大切です。

でも、自分を知ることは簡単なようで簡単じゃありません。

だから**「日々、自分の心に問いかける」**その積み重ねが重要なのです。

そうしているうちに、自分を偽《いつわ》って大きく見せる必要なんてないし、できないことを隠さなくてもいいって思えるようになりました。

うわべだけのつき合いの人を1000人増やすよりも、心から信頼し合える3人の仲間を見つけたいと思えるようになりました。

私は、もともと自分に才能なんてないと思って生きていました。でも、それは間違いだったんだと今なら断言できます。あなたがあたりまえにできることは、あなたが天からもらった才能です。

できないことがあったとしても、それは助け合って生きる大切さを知るという、やはりあなたの才能なのです。

どちらも、あなたにとって大切な才能だということです。

つまり、**私たちは才能の塊《かたまり》でできている**のです。

そう考えると、なんだか自分ってすごいなぁって思いませんか？

みんな、1人ひとりが、ほんとうに素晴らしい存在なんです。

人は小さな努力で大きな成果を出そうとしがちだけど、

「小さな積み重ね、そのものが人生」

今ならその真理がよくわかります。

私は飽き性なので、コツコツ続けられるタイプではありませんでしたが、自分の人生を変えたいのであれば、今の私ができることを、コツコツ続けるしかないと思いました。

私ができること、つまり、才能を使ってまわりの人の役に立つ……そんな毎日を積み重ねていこうと決めたのです。

小さなことにも感動できる人は、幸せになれます。

なぜなら、幸せとは、**感動することから始まる**から。

小さなことに気づき、感動し、感動するから感謝し、感謝するからこそ幸せになれる——。

これが幸せのメカニズムなのです。

小さな習慣や、それを仲間と共有できることの感動と幸せ。

あなたにも味わってほしいなぁと思います。

［ポエム］

イメージすること

ほんとに満たされている人って
誰かを追い詰めたりしない
ほんとに優しい人って
誰かを攻撃したりしない
言っていることと、やっていることが
一致しているかどうかは
日々の行動を見ていたら
バレちゃうと思うんだよね

だからこそ
ありのままの自分が満たされるためには
どうすればいいのかなって考えるし

ありのままの自分が
心から優しくなれるって
どういう状態なのかなって想像する

イメージすることからすべては始まる

今、目の前に起こっている現実は
すべて自分が創り上げているもの

自分が変われば
世界は変わっていくよ

人は、1人では生きていけない
だから仲間が必要
もし、あなたがひとりぼっちだと
感じているなら

私が仲間になるよ

開運モンスター　目次

Chapter 1

〝まさみん〟ができるまで

Chapter 2

「私を変える」20のメソッド

まさみん応援メッセージ②

Chapter 3

大好きな「家族」のこと

Chapter 4

私がいつも考えていること

ブックデザイン　亀井英子
イラスト　杉田アヤ
写真提供　しきまきこ
　　　　　淵之上健一
　　　　　タカス／ＰＩＸＴＡ（ピクスタ）
編集　鈴木七沖（なないち）

Chapter 1

“まさみん”が
できるまで

あなたはどんな世界で生きていますか？

幸せだなぁと思えば、さらに幸せがやってきます。
ありがたいなぁと思えば、ありがたいことがあります。
教えてもらえて嬉しいなぁって思えば、教えてもらえます。
逆に、世界は冷たいなぁと思えば、世界は冷たく感じます。
何もうまくいかないと思えば、何もうまくいかなくなります。

ようは全部、自分が創り上げているのです。
この世界は、いつだってミラクル！
それを信じてみてください。

「始まりは、あだ名から」

女性って、結婚すると苗字で呼ばれることや「○○さんの奥さん」とか「○○ちゃんのお母さん」と、呼ばれるようになって、自分の名前で呼ばれることが少なくなります。

結婚したての頃や、子どもを産んですぐのときは、自分以外の名前で呼ばれることがなんだか新鮮でくすぐったかったことを覚えています。でも、自分の名前を呼ばれないことに慣れてきた頃、ふと、自分がいないような感覚になりました。

ママ友や子どもの友だちとの距離が学生の頃のように縮まらないのは何でだろう。どうしたら縮まるのかなぁと思ってひらめいたのが〝呼び名〟でした。そこで、呼んでもらいやすいようにと思ってつけたのがあだ名でした。

〝まさみん〟の誕生です（笑）。

もしも、あだ名で呼んでもらえる関係ができたら、めっちゃすごいなぁ、おもしろいなぁって、想像して。ワクワクしてきました。

思いついたら即行動！

今では、いろいろな人から**〝まさみん〟**って呼んでもらえるようになりました。これって、とても嬉しいことだと思います。

［人は1人でも理解者がいたら生きられる］

人権や教育、まちづくりなどの講演会で聞いてきたこの言葉って、ほんとうにそうだなと思います。

「これが好き」

「こんなことをやりたい」

「こんなふうに思っているの」

あなたの思い、あなたの言葉、あなたの行動。

ほんとうは、そうしたいのにできないもどかしさ。

私も、そうでした。ほんとうの自分を、どうしても表現できない。そのうち、名前まで呼ばれなくなって、どんどん「私」じゃなくなっていく――。

私は、自分が〝まさみん〟と呼ばれるようになってからは誰と接するときにも**「どんなことでもオッケー！　何でも丸ごと受け入れるよ」**と思えるようになりました。そして誰とでも接することができるようになったのです。


家にも学校にも、どこにも居場所がないと思っていた子ども時代。もしかしたら、同じように悩みを抱えている子どもたちがいるかもしれない。もっと子どもたちの身近な存在になりたいと思って、ＰＴＡ会長にもなりました。

居場所がないのは子どもたちだけではありません。居場所がないと感じている大人もいます。だから、大人のための居場所づくりにも取り組みました。

自分1人で大きな力をもっているわけではないけれど、小さな力でも目の前の人を救える可能性があります。1日ではできないことも、何日も、何度も続けていれば可能性だって見えてくるのです。

昔、よく聞いていた「継続は力なり」って言葉。子どもの頃はこの言葉の意味を実感できるほど行動できていませんでしたが、大人になって少しずつ行動できるようになってからは、ほんとうに「継続は力なり」と思えるようになりました。

居場所がなかった私だから、仲間がいなかった私だから、今の自分にできることを、全力でやれているのだと思います。

「29歳で気づいた、ほんとうの自分」

もともとは「でもだってどうせ星人」（「でも・だって・どうせ」が口グセの人）でした。できないことは、すべてまわりのせいにしていました。

「言い訳《わけ》ばかりの人生は、もう捨てる」

そんな自分と決別したくて、29歳のとき、一大決心をします。私の人生のターニングポイントと言えるかもしれません。

高校を卒業してからずっと働き続けていた「公務員」を辞めることにしたのです。それからは、みるみる変わっていきました。

生まれてからの29年間、他人軸１００％で生きてきた私。自分軸の大切さや必要性はよくわかります。

幼い頃……例えば、小学生のときの私は、表向きは笑っていたけれど、心の中では笑っていませんでした。

失敗が怖くて、いつも自分の力が出せない。自分の意見をもたずに、いつしか他人の意見を自分の意見にしていました。

そもそも、自分の意見は親や大人に否定されると思い込んでいたので、自分の意見をもつ意味がわからなかったのです。ずっと自分の代わりは他にいくらでもいる、私が生きている意味なんてあるのかな？　と思っていました。

でも、まだ私には希望がありました。きっと、できないのは自分がまだ子どもだからなんだ。大人になればできるようになるかもしれない、親が言うとおり公務員になれば変われるかも、早く結婚して家族をもてば変われるかも……そんなふうに自分の未来に期待していました。

でも……、29歳のときに、何も変わっていない自分に気づいたのです。

頭の中で思っていても行動に移すことはありませんでした。時間がないから、家事をしないといけないから、才能がないから……ほんとうに言い訳ばかりを並べて、無意識にやらないことを決めている私がいました。

そのいっぽうで、3人の子どもたちには、自分のことを棚に上げて最もらしい言葉を口にしていました。

「やりたいことがあるなら行動したらいいよ！　毎日楽しく過ごそうね」

理想の自分と今の自分とのギャップに吐き気がしました。

いつまで自分を偽《いつわ》って生きているんだろう。
いつまで言い訳をして生きていくんだろう。
いつまで自分の心を無視するんだろう。

頭の中でぐるぐると、ものすごい数の自問自答をくり返しました。

もう言い訳はやめよう。

子どもたちに伝えていたことを、ちゃんと自分でも実行しよう。

そう決断したのです。決断とは、決めて断つと書きます。何を断ったのかというと、いつも言い訳で使っていた「私、公務員だから（副業が禁止されているから）できないの」という言葉。この言葉を断つために、公務員という身分を手放すことにしました。

「毎日楽しく過ごす」

公務員を退職したときは、今後の予定は何も決めていませんでした。

どうなるかなんてわからないけれど自分の人生を生きよう……そのような感じでした。

そんなとき、たまたま友人に誘われ、ドキュメンタリー映画の自主上映会のスタッフとして手伝う体験をしました。

そのとき初めてやりがいや仲間と一緒に行動する楽しさを知り、その後、友人と子育て支援に関するNPOを立ち上げ、副代表として2年間、親子の居場所づくりや自己肯定感を高めるためのイベントの開催などに取り組みました（現在の認定NPO法人「くさつ未来プロジェクト」）。

自分が行動すると、新しい世界が体験でき、その体験が経験となって初めて多くの学びがありました。1人ならできないことも、みんなと一緒ならできるということを実感できたのです。

心からつながる仲間ができる喜びと、やり遂げる充実感を味わい、ようやく生きているということを実感できるようになったのでした。

［筆文字との出会いから人生が動き始めた］

副代表をしていたNPOは任期満了とともに退任しました。

後を任せられるたくさんの仲間ができたことと、新しいことに挑戦したかったからです。

でも、その後、何をやるかは決めていませんでした。そして、どうするのかを想像していたわけでもありません。

ところが、退任してから4か月が経った2018年9月、まさかの形でギフトを受け取ることになります。それが**「筆文字」**でした。

NPOを離れてからは、友人のクラウドファンディングやイベントを手伝ったりしながら、人が笑顔になって喜ぶと思ったことをイメージして、ひたすら形にすることを試行錯誤していました。

そんなとき、筆文字にハマった友人から、

「筆文字をこないだ習ってきたんやけど、めっちゃ楽しかったねん！
まさみん一緒に書かへん？」

と誘われました。筆文字なんてやったこともなければ、特に興味もなかった私。でも、友人が誘ってくれたことがうれしくて、二つ返事で、

「いいやん！　やる！」

と答えていました。

書道が嫌いだった私。

小学生の頃、親に言われて書道を習っていましたが、書いたら直され、書き直したらまた注意される、その延々に続く直しループがどうしても好きになれませんでした。

「キレイに書きたいなら先生が書いたらいいやん。そもそも私は上手に書きたいなんて思っていないんだよね～（言えないけど）」（By小学生の私）

そんな私が、まさか自分が筆文字アーティストになるなんて夢にも思って

いませんでした。小さなきっかけが、その後の人生を大きく動かすことになるなんて、そのときは気づいていていません。

ところが、いざ筆文字を体験してみると、これがめっちゃ楽しい！

筆文字は、なんたって自由。正解やルールなんて存在しません。自分が心の中に思い描いた「思い」や「言葉」をそのまま筆を使ってデザインする作業がとても新鮮で、気がつくと没頭している自分がいました。

数日後、私は友人たちが集まっていたカフェで、どれだけ自分が楽しかったのかを熱く語っていました。めっちゃ楽しかったんだよ！　って。

それを聞いていた友人みんなのリアクションが、さらに私を「筆文字アーティスト」へと導くことになります。

「まさみん！　ここで書いて、書いて〜！」

その言葉に、私のスイッチが入りました。

「じゃあ、どんな言葉が好き？」

「えっと……〝輝〟って字が好き」
「なんで〝輝〟って字が好きなの？」

友人と会話しながら、彼女の口から出てきた言葉をまとめて、1枚の紙に仕上げていきました。そのときの会話は今でもしっかり覚えています。

一筆書けば、「天才ーーー！」。
もう一筆書けば、「家宝にするーーーっ！」。

大袈裟に喜んでくれる友人たちの反応や笑顔を見て、私はものすごく嬉しくなり、その喜びは書けば書くほど大きくふくらんでいきました。

「もっと喜ばせたい！」

そんな気持ちが、私を後押ししてくれました。

今の私は、気づいたことやワクワクしたことを言葉にします。伝えたり、発信したりすると、どんどん未来への可能性が広がっていくことをＮＰＯの活動を通して知っているからです。それが習慣づいているからです。

書き上げた作品をSNSに投稿し、わくわくしていると、さらに「書いてー!」とその日のうちに注文してくれて、まるで初めて見つけたおもちゃで遊ぶ子どものように没頭していきました。

自分でもわからないくらい軽い気持ちで一歩を踏み出し始めた筆文字。まわりの仲間の応援力によって、20人くらいからオーダーをいただき、みんなの喜びが、さらに私を成長させてくれました。

夢中になると人は没頭するものです。なんと! 3日間で書いた作品が100枚!になるくらいハマっていきました。

それからの私は、筆文字を書けば書くほど、自分の内面が整っていくような気持ちになりました。そんな私を見て、

「まさみんは努力家だね」

そう言ってくれた友人もいましたが、自分では努力をしている感覚はあり

ませんでした。

「夢の中にいるくらい集中している状態＝夢中」

その力は〝人を成長させてくれるんだ〟と体感しました。

何をテーマに筆文字を書いていたのかというと、自分の好きな言葉や、子どもに伝えたい言葉シリーズ、ママへの応援メッセージなど、さまざまです。

子どもに伝えたい言葉シリーズでは、子どもが読んだとき、押しつけやプレッシャーにならないような言葉を選び、そこに私自身の気持ちをこめて制作しました。

3人の子どもの母親として、毎日葛藤や迷うことがたくさんありました。なので、そのときの気持ちや、その「言葉」を受け取ってくれる子どもたちの心模様などを想像しながら表現することは、過去の自分を癒すことにもつながっていたんだと思います。

［私が筆文字を続けられたいちばんの理由］

今、振り返ってみると、飽き性だった私が、なぜ筆文字にハマって続けられたのか？　大事なポイントに気づきました。それは、もともと自分が関心のあったことと「筆文字」という表現方法が掛け算になり、それが行動する原動力になっていたからです。

親子関係×筆文字
自己肯定感×筆文字
問いかけ×筆文字

それまで私が生きてきた中で感じていた疑問、不安、怖れ、葛藤、人間関係の悩み、家族への思いなど、いろいろなことが「筆文字」という表現方法を手に入れたことで整理され、向き合い、アウトプットすることで自分への大きな気づきに変わっていきました。

掛け算をすると、たくさんの作品のシリーズができて、新たな作品が生まれるたびにわくわくしました。

そして、常に今よりもさらに良い未来にするために、どうすればいいのか？　私に何ができるのか？　を問い続けるきっかけになりました。

夢中になって日々を駆け抜けているときにはわかりませんでしたが、振り返ると、とても大切な気づきを手に入れていました。

それが、そのまま、自分の人生を彩る、大きなエネルギーになっていきました。

大切な気づきとは、まわりが見えなくなるほど「夢中」な時間は、ほんとうに心を充実させる、ということです。

そして夢中の先には、新しい世界が待っています。どんな世界なのかはたどり着かないとわかりませんが、新しいイメージのひらめきが、その世界へと続く〝道〟になるということを胸を張って言えるのは、このときの体験からです。

ある日のこと。リビングで筆文字を書いていると、横から夫が作品を見ながらつぶやきました。

「やばいな。成長がすごい。売れるレベルまできてるやん！」

ちょっと前までは「書道家を気取ってどうすんの？」と言っていた夫でしたが、私はびっくりすると同時に、心から感謝しました。家族の協力があって活動できていることに「ありがとう」の気持ちが湧いてきたのです。

すごいやん！

いいやん！

天才！

最高！

あらためて**「言葉の力」**ってすごいなと思います。

数えきれないほど認めてくれる言葉のシャワーを浴びることによって、たくさんの温かい笑顔にふれることによって、私の**〝心のコップ〟**は満たされていきました。そして、あんなに人の目を気にしていた過去の私が驚くくらい、へこたれない「私」がそこにいたのです。

もし、成長を望んでいる誰かが私と出会ったなら、ただ喜び、温かい言葉を伝え続けよう。相手の気持ちを考えない独りよがりなアドバイスではなく、

「いいやん！」

その言葉と気持ちだけでいい。その人が喜ぶだけで、人は成長します。

「いいやん！」とは魔法の言葉です。

その言葉が私を変えてくれた、「まさみん」にしてくれたように、あなたにも、この言葉を贈りたい……私は、いつもそう思っています。

まさみんの魔法の言葉

◎えらい、えらい！

◎いいやん！

◎ただ、ひたすら

Chapter 2

「私を変える」20のメソッド

朝の習慣で
人生を変える

今の私がみなさんにお伝えしたいことは、やはり**「朝」の素晴らしさ**です。
私は1日の活動の大部分を〝朝に終わらせることを習慣化〟したことで劇的に人生が変わりました。

早起きの習慣をつけたい！　そう思っていても、なかなかできないですよね。夜はダラダラとネットサーフィンをして、翌朝、すっきりしない頭で起きられない……それが以前の私でした。

子ども3人を育てながら時間に追われ、永遠に終わらない家事に途方に暮れる毎日が365日くり返されます。そして口グセはこれでした。

「忙しい」
「時間がない」

そんなことを口にしながらも「日中は頑張っているんだから、夜くらい好きにさせてよね！」と自分に言い訳をしながら過ごしていました。

でも、心のどこかでは、こんな生活をくり返してはダメだ、いつか朝型の生活にしたい、と考えていたのです。

そんな私に転機が訪れたのは2020年の1月のこと。

ある自己啓発のセミナーへ行ったことがきっかけでした。

そのときに出会ったのが、

「朝の習慣は人生を変える」


という言葉だったのです。本で読んだことのあるようなフレーズでしたが、なぜかそのときの私の心にストンと入ってきて「やろう！」と決心。翌月から朝活**「1日30分の書く習慣」**がスタートしました。

始めてから1年あまりで頭の中が整理され、自分でもびっくりするくらい成長することができました。しかも、私だけではなく、一緒に朝活をしてくれた仲間全員が成長し、飛躍していったのです。


朝起きて何かをすることを習慣化できれば、人生は劇的に変化します。

朝活でいうと、毎朝、同じ時間に同じ場所で仲間と会い、自分に問いかける習慣は、私に元気と今ここに集中する力を与えてくれました。

自分の心の中で問いかけ、答えを見つけていくことで、自分でも知らなかった新しい自分に出会うことができました。

「人はいつからでも変わることができる」と私は確信しています。

才能がなくて、仲間がいなくて、毎日が楽しくなかった自分が、今は仲間に囲まれ、才能を生かし、毎日を楽しく過ごせているのですから。

そうは言っても、

朝早く起きたいけどなかなか起きられない。
早く起きて何をすれば成長していくの？
ほんとうにみんなが成長したの？

そんな悩みや疑問をもつ方に私が体験したことをお伝えします。

皆さん誰もが取り組みやすいように**「20のメソッド」**にまとめました。

朝の習慣が変わることで人生がより豊かになりますように♡

1

上機嫌で生きる

誰かの機嫌や気分に
左右されていませんか？

自分の機嫌は自分で取る。

もしかしたら、「そんなことあたりまえじゃないか」と思う人がいるかもしれません。ところが、以前の私は、自分の機嫌さえ自分で取ることができませんでした。

では、どうやって自分の機嫌は決まっていたのか?
それは、まわりの人や環境に左右されまくっていました(笑)。
誰かから何かを言われたり、不意な出来事にすぐ心が揺れたり。

ちょっと嫌なことがあると、すぐに不機嫌になってイライラする。
そんな日がたくさんありました。これでは毎日の機嫌が定まりません。
なかなか自分で決断できなかったことも、きっと影響していたと思います。

でも、少しずつ自分の機嫌が自分で取れるようになると日常が変わっていきました。人や環境などの状況に気持ちが左右されないので、穏やかな自分が感じられるようになり、イライラすることも少なくなって、私のまわりにいる人たちとも笑って時間を楽しめるようになりました。そして、

いつも、どんなときでも上機嫌で生きると決める。

そんなシンプルな答えにたどり着いたのです。

いろいろな場面や出来事に遭遇《そうぐう》したとき、その都度、自分の感情を確認するようにしました。そして問いかけていくのです。

自分がどう感じたのか？
自分が何を思ったのか？

その答えと向き合って、自分で自分を知っていくのです。

そうすると、それまでは他人軸で動いていた「私」に、自分軸が芽生えてきます。そして、決断する早さまでもが変わってきます。

そんな実感を味わう感覚が広がっていって、自分の機嫌が「上機嫌」になっていくのがわかります。

すると、類は友を呼びます。

自分が上機嫌な生き方をしていると、どんどん上機嫌な仲間がまわりに増えていきます。そうしたら、毎日が愛と感謝であふれる世界になりました。

上機嫌で生きることは、自分だけが幸せになるのではなく、自分やまわりの人、そして世界の幸せにつながっていくんだと私は思います。

今日も、上機嫌で生きよう！

それがメソッドの1つ目です。

2

朝活について

毎日何を積み重ねていきますか？

私が朝活を始めたのは、2020年2月3日です。2020年1月末に、「朝早く起きる習慣をつけよう！」と心に決めたことがきっかけでした。

とはいえ、早起きが得意ではない私。仲間を募り、「一緒に早起きの習慣をつくりませんか？」とSNSでつぶやいたところ、10人の友人が「やる！」とコメントしてくれました。

せっかく、早起きをするのだから、「みんなが成長して効果を実感できるようにするためには何をしたらいいか？」を考えたところ、早起きをして、「毎朝、自分に問いかけ、その答えを**書く習慣をつけると人は必ず成長する！** **これを仲間と一緒に習慣化させよう**」って思ったのです。

書く習慣が人生を変える。これは、筆文字アーティストとして活動したことで実感したことです。

それをみんなにも体感してほしいと思ったのです。

だから、朝活の名前を〝**1日30分の書く習慣**〟と名づけました。

朝活の1番のポイントは、毎日コツコツと積み上げていくこと。

なんてったって365日、毎日開催するのです。

月に一度とかではなくて、週に一度でもない。

平日も土日も休むことなく、毎日顔を合わせて自分に問いかけていく——。

「こんな朝活、どこにもない！」って思いました。

〝人は弱い〟。

人はできないことがあったらすぐに止めたくなるし、逃げ出したいって思ってしまうものです。だからこそ仲間が必要です。

同じ志をもち、日々自分に問いかけて、応援し合える環境があれば習慣化することができ、成長していくことにつながります。

人生ってね、1日1日が積み重なっていくことで成り立っていますよね。

朝日が昇って1日が始まり、夕日が沈んで1日が終わる。

そしてまた、朝日が昇ることで1日が始まる……そのくり返し。


朝、起きたとき、「今」に感謝できるかどうかで1日が決まってきます。

感謝の気持ちがさらなる感謝を引き寄せてきます。

朝を充実させると1日が充実し、そんな毎日をくり返すことで、人生が変化していきます。

これを読むと「朝活ってすごい！」って思うでしょ？

そう、ほんとうに人生そのものが変わっちゃうのです。


だから、まずはやってみてください。そして、その体験を積み重ねてみてください。もし、逃げ出したくなる自分が出てきたら、それを頭ごなしに否定するんじゃなくて、それさえも受け止めて、次の一歩を進めてみる。そのくり返しなのです。

3

問いかける大切さ

あなたの答えは、
どこにありますか?

自分に問いかける時間――それは人生において、とても重要な時間です。
そもそも〝問いかけ〟って何？　そんな疑問にお答えします。

〝すべての答えはあなたの中にある〟。

これはいつも私が思っていること。
誰かの言葉を借りて自分の答えにしたり、世間体を気にして行動したりしても、私はずっと心が満たされることはありませんでした。
他人の目が気になって、自分の意見はないと決めつけていた過去の私は、

**「あなたは何がやりたいの？
あなたの人生は誰のためにあるの？」**

この質問に答えられませんでした。

自分のことなのに、自分のことがわからない。「なぜ、私はこんなにできないんだろう？」って、いつも自分を責めていました。

生まれてからずっと一緒にいる人――それは自分自身。なのに、自分が自分のことをわかってないなんて、おかしい！　そう思いました。

自分の人生は自分が主役。

そんなあたりまえのことにずっと気づけずに、苦しんできました。今思えば過去の私は自分の人生を放棄《ほうき》していたように思います。長いあいだ自分と向き合わずにいると、ほんとうの自分を見失ってしまったのです。

その後、出会った筆文字で気持ちを表現することも、もちろん人生を楽しく過ごせる秘訣《ひけつ》になったのですが、いちばん自分の成長につながったのは、**自分と向き合い、心に問いかけること**でした。

自分の心は、自分では見えません。でも、文字で表すことによって、視覚化することができたのです。

心の声を目で確認し、口に出すことで耳から聞くことができます。

すると、驚くほど自分自身が変化していきました。

自分と向き合い、問いかけることで自分を知ることができます。

そして、自分を知ることで、自分のことが好きになりました。

私が体感した「問いかけて、自分のことを知り、好きになる」ことの素晴らしさ。

これを頭で理解するのではなく、1人ひとりが体感してほしい。

そう思って書くことを朝活に取り入れました。

人は生きているかぎり成長していきます。

あなたが想像する以上に、あなたの可能性は無限大なのです。

4

気づき力をアップさせる

気づきはどこから湧いてきますか？

「今日の気づきはなんですか？」

朝活（1日30分の書く習慣）は、毎日がこの言葉からスタートします。

なぜこの言葉を大切にしているかというと、日々の生活の中で自分がどんなことをキャッチするかによって、その人の「人生」が決まると思っているからです。

〝気づき力〟はいろいろなところで力を発揮しています。

例えば、会社で自分が気づかないことをまわりの人がぱっとそれに気づいて行動していたり、発言していたりする人を見ると、うらやましく思ったり、尊敬したりしませんか？

どうしてあの人たちは、あんなにも即座に行動したり、発言できているのだろう？

その人たちがもっている力……それが〝気づき力〟なのです。

その力は、すぐにレベルアップすることはありませんが、筋トレのように日々の努力次第で確実に高まっていきます。
やればやるほど力がつきます。

気づこうと意識しながら毎日を過ごす。

毎日、何気なく口にしている自分の言葉、とっている行動などに着目してみてください。大空を飛んでいる鳥たちが大地を眺めるように、自分自身を俯瞰《ふかん》して見てみるのです。

自分がどんな人間なのか。どんなクセがあるのか。
それをゆっくり、じっくり観察してみてください。

そして、あなたが何に気づき、どう感じたのかを言葉にしてみてください。

難しく考える必要はありません。難しい言葉を使う必要もありません。

それが日常的にできるようになると、いろいろなアイディアが湧いてきたり、そのアイディアが誰かの人生のヒントになったりします。

家族との会話や、会社での出来事、または空を見上げる、足元に咲いている花を見つめる、食べたものの味をいつも以上に味わってみる……。

そのような何気ないことの中から、あなたが何に気づくのか？

あなたの心にぜひ聞いてみてください。


そして、最初に言った質問を、自分自身に問いかけてみてください。

「今日の気づきは何ですか？」


その答えも、きっとあなたの中から湧いてくるはずです。

そこに素直な自分の気持ちを重ね合わせていくのです。

5

幸せを感じる

幸せは、どうやって
味わうのですか？

「あなたにとって幸せって何ですか？」

これは、幸せが何かわからなかった私だからこそ大切にしている問いかけです。朝活では月に一度、この問いかけをしています。

「幸せになりたい！」って、いつも思っていた過去の私。

「一体、どこに幸せがあるの？」って私は探していました。

そして、「これが幸せかな？」って誰かが言う幸せを自分に当てはめて考えてみましたが、何だかしっくりきませんでした。

何かが違う……と思い悩む日々。

そして、気づいたんです。

幸せって、なるものではなく感じるもの、っていうことに。

〝幸せ〟とひと言で言っても、1人ひとり価値観は違います。だから、1

00人いれば100通りの〝幸せ〟があります。
私の幸せは私しか知らなくて、私の幸せは私しか伝えられません。つまり、あなたの幸せはあなたしか知らないので、あなたの幸せはあなたにしか伝えられないのです。

自分にとっての幸せって何だろう？

このシンプルな質問を自分に問いかけ、その答えに気づき、日々心で感じることができたら、幸せな人生を歩み始めることができます。

すぐに答えが出なくても大丈夫。少しずつ言葉にしてみてください。

幸せはなるものではなく感じるもの。
1つひとつの言葉を心で感じながら自分の幸せを伝えてみてください。

私の幸せや、あなたの幸せを心で感じることができたら、目にするものや耳にするものが変わり、今度は自分が考えることや、使う言葉さえ変わっていきます。

使う言葉が変わってくると、心や気持ちや考え方が変化して、目の前の世界にも変化が現れて、人との出会いも変わっていきます。

そうやって、私やあなたの〝幸せ〟がよりわかりやすく、リアルになっていくのです。ふと気づけば、幸せの深みも増している。そんなものなのです。

いつも幸せを探していた私が、どうして真の幸せを実感できなかったのか。その答えにたどり着くまでには時間がかかりました。だからこそ、出会った人たちには、早くあなたなりの〝幸せ〟を感じてほしい、そして、今度はそれを伝える人になってほしい、そんなふうに思います。

6

才能に気づく

あなたが気づいていない〝できること〟って何ですか？

才能ってどうやって見つけるの？
才能ってどうやって輝かせるの？

そう思っている人も多いのではないでしょうか。
実は、才能を見つけるのって、とても簡単です。才能とは、

“自分があたりまえにしていることで、まわりから「すごいね」って言われること”。

朝起きて顔を洗うくらいあたりまえで、あなたが努力せずにできていることの中で、「すごいね！」とほめられたりした経験はありませんか？

それは、もしかすると、字を書くことだったり、人に優しくすることだったり、手先がとても器用だったり、服装のセンスだったり、「えっ？　そんなこと？」って思うことかもしれません。でも、実はそれが才能なのです。

人はみんな、才能をもって生まれてきています。
大切なのはその才能に気づき、その才能を輝かせること。
では、どうやって才能を輝かせるのかというと、いつもあなたのもつ才能を使いまくることが大切なのです。使い方は、とても簡単です。

〝あなたのまわりの大切な人が困っていたら助ける〟。

これだけです。そのとき、あなたができることをするだけです。
もし、その人が困っているかどうかわからない場合は、「何か困ってない？」と聞いてみてください。自分に何ができるのか具体的に感じることができるはずです。

人が生きているうえで、すべての行動には、何らかの才能が関わっていて、それは磨けば磨くほど輝いていきます。そのためにも、自分にどのような才能があるのか知ることが大切なのです。

日々、誰かを助けることを心がけ、そのために必要な才能を磨く行動こそが、自分の魂を喜ばせると同時に、相手の笑顔をつくるのです。

だから、困っている人を見つけたら**「私には何ができるかな？」**と考えて行動してみてください。

行動することによって、自分の才能が輝き、あなたを明るい未来へ導いてくれます。私は体験から、それを実感しています。

人が驚くような、何か特別なことができることだけが才能ではないこと。まずは、そこに気づいてほしいと思います。

せっかくもっている自分の才能に気づかないまま、自分のことが好きになれないなんて、ほんとうにもったいないです。早くあなた自身があなたの才能に気づいてあげてください。

7

やさしいことから始めてみる

あなたができる「簡単なこと」って何ですか？

新しい習慣を身につけたいとき、「まずは何から始めよう？」って考えることはないですか？　何から始めたらいいのかわからない方へ。

おすすめなのが次のことです。

「自分にとってやさしいこと（簡単なこと）から始めてみる」

例えば、早起きでいうと朝6時に起きる習慣がある人は、5時50分に起きてみる。10分だけ早起きにチャレンジするのです。

「えっ？　そんなことだけで、いいの？」

って言うくらい、まずは簡単なことから始めていき、身体を徐々に慣らしていくのです。それがあたりまえにできるようになったら、次はさらに10分早くしていきます。

あとは、これをくり返していくだけです。

「えいっ！　やっ！」と一気に変えるのもひとつの方法なのですが、いきなり大きな負荷を自分にかけてしまうと、そのぶん反動も大きくなります。なので、少しずつ変えていって慣らしていくのがおすすめです。

このとき決して焦らないこともポイントです。

「変わらなきゃ、変わらなきゃ」って焦って取り組んでいては、心と身体が一緒にはついていきません。頭の中ではわかっていても、身体が準備できていなければ、長続きしません。

だから私も、できるだけ心にも身体にも無理のないように、少しずつ起きる時間を早めていきました。ひとつクリアできれば、

「すごいやん！　できてるやん！」

そう自分で自分をほめてあげながら、少しずつ、少しずつ変化していくことができました。

だから「これなら絶対にできるよね！」ってことから始めてほしいと思います。

早起きするのであれば、注意してほしいことがひとつ。

早くしたぶんだけ、早く寝るということ。

睡眠時間は大切だからそれだけは守ってね。

8

今を生きる

あなたは、
〝今〟を生きていますか？

仕事、子育て、家事……。
目の前のことをするだけで、時間に追われる毎日、
そんな日々を過ごしていませんか？

以前の私がずっとそうでした。
過去に執着し、未来に不安になり、肝心の〝今〟を生きていなかったのです。それに気づいたのが20代の後半。

今、ここに集中して生きる。

それが生きているということなんだ、と考えられるようになって人生が好転しました。
簡単そうで簡単ではないことですが、自分の人生を生きていなかった私は、「今を生きる」ことを心に決めたのでした。

始めはなかなかうまくいきませんでした。
「どうせ私なんて……」と、ネガティブな顔の私が出てきては、くじけそうになりました。けれど、それに打ち勝って、できることに集中して行動していくと、少しずつ「今、ここに集中して生きる」ことができるようになったのです。

〝今〟とは一瞬一瞬のことです。

あなたが生きているのは

〝今〟ですか？
〝過去〟ですか？
〝未来〟ですか？

〝今〟を生きるには、今何を感じているのか、自分の心の動きに集中することが大切になります。

集中していないと、あっという間に未来は今となり、今は過去になります。

人が生きられるのは、今この瞬間のみ。だから、

今、楽しい？

今、幸せ？

今、つらい？

今、悲しい？

心がどんなふうに感じているかを、まずは感じてみてください。

なぜなら、今を感じる心の余裕が人生を豊かにしていくと思うからです。

あなたは今、この瞬間に何を感じていますか？

9

自分に集中する

あなたは今日から何に
「さようなら」しますか？

自分の可能性を奪わないこと。

自己成長を止めないこと。

自分の直感に従うこと。


私はいつも、この3つを大切にしています。


〝どうせ無理〟と、自分自身の可能性を自らが奪っていた過去の私。

自分は成長できないと自己成長することをあきらめていた過去の私。

自分の思ったことなんて何の価値もないと思っていた過去の私。

心は安定を求めるけれど魂は違う。魂は成長を求めます。魂は進化を求めています。

ひすいこたろうさんの著書を読んだとき、人は魂に従って生きているんだと思いました。過去の私は安心・安定ばかりを求めていたのです。

そんな自分と「さようなら」をしたのです。

「さようなら」ってどうするの？　って思うかもしれないけど、やり方は簡単。自分で、そう決めるだけです。

自分にはたくさんの可能性があり、生きているかぎり成長することができます。そして、自分の直感を信じることを大切にしていくと、急に人生の変化が感じられるようになりました。

もちろんやりたいことをしようとすると、まわりの誰かが止めることもあるでしょうし、不安になったり落ち込むこともあると思います。

私も、すぐにできるはずはなくて、失敗ばかりしていましたが、失敗をするたびに、まわりにいる誰かが手を差し伸べてくれて、助けてくれました。
人間は人の優しさに触れたとき、人にも優しくしたいと思うものなのです。

そのことを身をもって知ったのです。

自分に集中して行動し続けていくと、

「まさみんの行動に共感します！」
「私も一緒にやりたいです！」

そうやって仲間になってくれる人たちが、いつしか私のまわりに来てくれるようになりました。

自分に集中して生きる人が増えていけば、もっと社会が明るくなります。
誰かを変えることは簡単にはできないけれど、自分自身を変えることはできるはずです。

だから、今日も、自分に集中して生きていきましょう！

10

やると決める

あなたは何を〝やる〟と決めますか？

「まさみん！　何でもできちゃうからうらやましいです！」

そう言われることがたまにあります。

「いや、いや、いや、いや」私、何でもできるわけじゃないし（笑）。できることを全力でやっているので、そう見えるのかもしれません。

くり返しになりますが昔は、何かと否定的で、できない理由を考えては、それを何かのせいにしたり、変わらない自分を嘆くだけで、なかなか動かない人間でした。

私が、いろいろなことに行動し、できるようになった理由があるとしたら、その答えはひとつだと思うのです。

それが何かというと、**一度「やる！」って決めたことを、できるまでやり続けたこと**です。

もともと、器用なタイプではない私。できることに集中して取り組んでいくうちに、少しずつできることが増えていきました。

それではなぜ、できることが増えていったのかを考えてみると、まず初めに、**〝やる〟と決めたから。**それに尽きます。

自分で決めて、まずはやってみる。

〝やる〟と決めたら、次はそれをどうやってやるのか。

よく考えていると、自然とアイディアが湧き出てくるはずです。素直にそれを確認していきます。そのアイディアをひとつひとつ試していくのです。

つまり、**行動に移すこと**が大切です。

ただ思ったり、考えたりしているだけでは、何も形にはなりません。

やると決めたら、すぐに行動してみる。

「明日から始めよう」

ではなくて、**「今すぐやってみよう」**です。

行動に移してみると、ふと自分の思いもよらない、見たこともない世界が見れることがあります。そのときの驚きと感動は、体験した人でないとわからないかもしれません。ワクワクが止まらなくなるのです。

だから、あなたの心がワクワクすること、あなたがやりたいなって思うことがあるなら、まずは**〝やる〟と決めてみてください。**

そして、やってみた結果、どんな世界と出会えるのかをぜひあなたも体験してみてください。

すべては、そこから始まります。

11

自信をつける

できることを
積み重ねていますか？

何かやりたいなと思っていても、自分には自信がないからできない……なんて思うことってありませんか？

自信ってね、あたりまえですが自然と身につくものではなくて、日々自分ができることを積み重ねていく中で、生まれてくるものなのです。

だから、自信を生み出すためにも、自分の目の前にあるできることにひとつずつ取り組んで成功体験を積み重ねていってください。

できた！

できた！

できた！

その積み重ねが必ずあなたの中の自信につながるはずです。

最初は、できないことだってあるし、気持ちが落ち込んだり、折れそうに

なったりすることもあると思います。私も、

「どうしてできないんだろう?」

この言葉が頭をよぎりました。それも、何回も、何回も。

初めから良い結果を期待してやるのではなく、**とにかく目の前のことに集中して全力でやってみてください。**失敗を怖れる必要はありません。そして、うまくやれたという小さな成功体験を、しっかり自分で受け止めて、それを積み重ねること。ただ、それだけなのです。

フルマラソンだって、いきなり走ったことのない人が、42・195㎞なんて走れませんよね?

毎日少しずつ、少しずつ、私が実践した早起きのように、3㎞走ったら次は4㎞。それに慣れたら5㎞、6㎞……というように距離を増やしていきます。

つまり、私が伝えたいことは、自信をつけることにあまりとらわれず、今日からできることをひとつひとつやってみよう！ってこと。

必ず自信はあとからやってきます。
やっぱり大切なのは〝今〟。

今の自分にできることを、まずはやってみる。
その先には見たこともない景色が広がっているはずです。

12

同じことをくり返す

ワクワク楽しめることは何ですか？

「何度も、何度も同じことをくり返すのって、つらくないですか?」と聞かれることがあります。

でもね、何度もくり返すうちに、頭で考えなくても動けるようになります。そんな経験ってありませんか?

例えば、ご飯を食べたあと歯を磨くのって、努力は必要でしょうか? 無意識のうちにあたりまえの行動になっていませんか?

朝起きて何をするか?

理想のルーティーンを決めて、ワクワクしながら楽しむことを意識してください。

もし、少しでもつらさがあるなら、そのルーティンは今のあなたにとって詰め込みすぎなのかもしれません。

ルーティンを続ける秘訣は、〝**ワクワクすること、楽しみながらすること**〟です。

長年、アメリカの大リーグで活躍したイチローさんは、毎日毎日、同じトレーニングをくり返していたことで有名です。

ホームグラウンドで試合があるときは、決まって同じ時間に、同じ内容のメニューの準備運動をくり返ししていたそうです。

いつも同じことをくり返し行うことによって、ちょっとした自分の体調の変化などに気づくことができ、その変化からコンデションを確認していたと言います。

〝習慣〟は、毎日くり返すことで身についていきます。

そうやって、まるで呼吸みたいに自然と自分がやるべきことができるようになってくると、自信にもつながって、ゆとりも生まれてきます。

私がやっている朝活は、同じ時間に、同じ場所で、同じ仲間と問いかけをします。

最初は誰もが自分のことだけで精いっぱいですが、続けていくうちに、自分を表現することの緊張がほぐれ、そのうち仲間の発言や表情にまで気持ちを向けられるようになります。

この習慣を続けていくことで成長を促していきます。

朝起きて、みんなに会って、笑顔になる。

そんな毎日の積み重ねが人生を充実させることにつながっていくのです。

13

〝ある〟に気づく

あなたはまわりの〝ある〟に気づけていますか？

自分と向き合って問いかけをしていると、気づくことがあります。
それは、**自分はまわりに支えられて生きている**ってこと。

人は、たくさんの人や物に囲まれながら存在しています。
それは、**目に見えるもの、目に見えないもの**など、さまざまです。

例えば、目に見えるものでは、家族、仲間、家、車、服、靴、食べものなど……あなたの生活に欠かせないものを考えてみてください。
目に見えないものならば、空気、愛情、思いやり、ひらめきなど……目には見えないけど大切なものです。

目に見えるものも、目に見えないものも、どれも今の自分にとって必要な要素です。

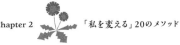

意識しないとあたりまえすぎてあることに気づかないけれど、自分のために〝**ある**〟ことに気づけた瞬間、何だか感謝の気持ちが湧いてきませんか？

人によっては、〝ない〟ものばかりに意識が向いてしまう人がいます。

あれがない、これが足りない……と。

あるいは、もっている人と自分を比較して卑屈《ひくつ》になったり、相手をうらやんだりしてしまうこともあります。

ネガティブな気持ちや感情は、自分だけでなく、まわりにいる人たちにも伝播《でんぱ》してしまうので気をつけなければなりません。

ここに半分の水が入っているコップがあるとします。そのとき、あなたはどう思いますか？

「まだ半分もある」
「もう半分しかない」

どちらの見方をしたとしても、コップや水に違いはありませんよね。
すべての物事は、その人の見方や受け止め方によって変化し、それがその人の行動にも大きく影響してきます。

日々、自分のまわりの〝ある〟を意識するようにしてみてください。
あなたはどのくらい〝ある〟に気づいていますか？

〝ある〟ことに気づき、それに感謝しながら生きることができるようになると、必ず運も上昇していきます！

14

続ける大切さ

あなたは〝今できること〟を
続けてやっていますか？

1日1日小さな成長を積み重ねていくって、とっても大切なことです。

やがて、それが大きな成長につながっていくからです。

誰もができることを、誰もできないくらい続ける。


〝凡事徹底〟。


私は、これが、とても大切なことだと思っています。

目の前にチャンスがあると、ついつい、いつもと違うことをしてしまいがちな私ですが、日々、とても地道なことをコツコツと続けています。

自分に向き合って**〝今できることをやる〟**をくり返していくのです。

昔は目立つことがやりたくて、みんなから注目を浴びたいと思うこともありました。

できもしないのに、できるように見せたり、自分を大きく見せようとしたり……。

でも、その無意味さに気づいたのです。

今の私がしていることは、ただ目の前のことに集中して継続すること。

継続していくことで、それが習慣となり、そこから人生が変化します。

〝良い習慣は良い人生をつくる〟。

継続したいけれど、なかなかできない人は、宣言したり、仲間の力を借りたりするのもいいと思います。

やると決めたら、できる環境をつくり、仲間を巻き込んでいく。

仲間って、多くをイメージしがちだけど、最初は1人でいいのです。

その人に集中し、一緒に楽しむ……。

すると、自然と輪が広がっていきます。

そうして自分も成長しながら、まわりも成長していく。

最高の循環がつくられるのです。


私が続けていることのひとつに「午前3時の手帳会」があります。

2020年7月8日から2人で始めた取り組みは、1日も休むことなく、2023年4月3日で「1000回」に達しました。

毎日続けることの凄さを私自身が感じています。

15

すべては自分次第

あなたは毎日、
何を考えながら
生きていますか？

あなたは、自分の人生に責任をもつのは誰だと考えますか？


あなたのパートナー？

あなたのご両親？

あなたのお子さん？


あなたの人生の責任をもつのは、他の誰でもない、**あなた自身**です。

あなたが本気にならないかぎり、誰もあなたを助けることはできません。

誰かのせいにしたとしても、最終的にあなたの人生の責任は自分で負わないといけないのです。


あなたが自分の人生にどんな理想を描き、それをどう実現していくのか。

それは日々のあなたの行動が決めています。

あたりまえかもしれませんが、あなたが何も行動しなければ、あなたの人生が変わることはないのです。

〝人生は日々の選択でつくられていく〟。

あなたは今日、どんな選択をしますか？

選択をするときは、あなたの理想の未来をイメージしながら、その未来で生きている自分に決断させるようにしてください。このときにイメージする未来は、どれだけ先でもＯＫです。

未来の自分をイメージすることで〝今何を選択すべきか〟を考えると、どれを選択すればいいのか、あなた自身がいちばんよく知っていることに気がつくはずです。

私たちがいるこの世界は、ひとつではありません。

あなたが、どんな考え方で、どんな感性で、何を見て、何を聞いて、どう感じるかによって、見える世界が決まります。

つまり、世界は人の数だけ存在している、ってことなのです。


自分の〝人生の流れ〟にのってください。

誰かの人生や、誰かの言動に流されないでください。

流れにのることと、流されることは、まったく違います。


あなたの人生は、あなたによってつくられます。

あなたの人生の主役は、あなた自身なのです。

16

あなたの魂

魂は、あなたのどんなことを知っていますか？

私たちは、もともと誰もが輝く魂をもって生まれてきています。

そして、あなたの魂は、あなたの才能や使命を知っています。

でもね、それをどうしても思い出せない！

そう思っている人も多いのではないでしょうか。

そんなときは、明るい心やきれいな心で物事をとらえ、身体を使って行動に移してみてください。

それを続けていくうちに、輝いている魂を思い出すことができるはずです。

魂は自分の才能や使命を知っています。

日々、心を磨きながら魂と対話するようにしてみてください。

〝魂〟は、心や愛や思いやりと同じように、目で見ることはできません。

だから、心や愛や思いやりと同じく、何かを介することで感じたりできるものだと思うのです。


例えば、心は、言葉や行動によって相手に表すことができますよね。

愛や思いやりも、あなたがその思いを何らかの形で表現することによって、相手に伝えることができます。


では、〝魂〟はどうでしょう？

私は〝魂〟は、相手に対してではなく、自分自身で感じるものだと思っています。


何気ない日々を、どれだけワクワクして楽しく生きられるか。

そうやって生きていることで内側からあふれてきたり、湧き上がってきたりするもの。そして自分が〝今〟を生きている実感を深く感じられる瞬間こそ、実は〝魂〟の存在を感じることができるんじゃないかと思います。

その先に、あなたの才能や使命を感じさせてくれるものがあると思います。


ひと昔前まで、魂は宗教や哲学が説《と》こうとしていた領域でした。

これからは量子力学や人工知能の領域での研究が進み、もしかすると、もっと魂の本質がわかるようになるかもしれません。

そう考えると、すごくワクワクしませんか。


損得を考えず、あなたの魂を感じながら素直に行動していくと、人生はどんどん好転していくはずです。

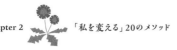

17

毎朝笑顔でスタートする

〝笑顔のパワー〟を味わったことはありますか？

まだ早起きが習慣化できていなかったとき、毎日朝起きることが億劫《おっくう》でした。朝が来るたびに「あー、また朝が来たなぁ」とさえ考えていました。

嫌々顔を洗い、嫌々服を着て、嫌々仕事に行く。

子育てや家事、仕事……、常に時間に追われている自分がいました。

毎日がこんな感じです。もちろん、楽しいこともあるし、まったく笑顔がないわけではありませんが、やらないといけないことに埋もれてしまう人生に、

「人生ってこんなものなの？」

そう感じていました。

そんな朝が、朝型の生活で激変したのです。

いちばん変わったのは、〇〇したいと思って起きることができるようにな

ったこと。みんなに会いたいとか、本を読みたいとか、コーヒーをゆっくり飲みたいとか、日によってさまざまです。

今まで「To do」から始まっていた1日が、「Want to」から始まるようになったのです。

「Want to」から1日を始めると、朝から心が満たされて、毎日が楽しくなっていきました。そして、自分の人生をちゃんと自分が主体的に生きることができているという気持ちが、心の中で広がっていったのです。

人生は1日1日の積み重ね。

1日を充実させて、毎日に感謝してみてください。

世界が大きく変わって見えるはずです。

そして自分の心が満たされると、自然に笑顔になりました。

〝笑顔〟のパワーって、すごいんです。

自分自身の心の中を豊かにするだけではなく、笑顔はまわりにも広がっていきます。人は鏡。笑顔から始まる朝には、同じように笑顔が素敵な人たちが集まってきました。

〝笑顔〟が素敵な人と出会うと、朝からとても気持ちがよくて、1日をハッピーに過ごすことができます。

だから「午前3時の手帳会」に毎朝参加しているみんなの笑顔を眺めるだけで、気持ちが明るくなって、なんだか人生が豊かになったとさえ感じるようになりました。

あなたも明日から「Want to」から始まる朝を始めてみてください。世界が変わるはずです。

18

伝える大切さ

あなたのは〝おむすび〟それとも〝お粥《かゆ》〟？

あなたがやりたいことは何ですか？
それを言葉にしてみてください。

そして、なぜ、それがやりたいのかを伝える努力が大切です。

もし、初めて伝えた人に理解してもらえなかったとしても、伝え続けることで必ず理解してくれる人が現れます。

理解してくれる人がいないという人は、もしかするとわかってくれる人がいないのではなくて、あなたが伝える努力をしていないだけなのではないかと思います。

理解してくれる人が現れないと、自分に自信がもてなくなって、伝えることもできなくなるかもしれません。

そんなときは原点に立ち返ってみてください。
なぜやりたいと思ったのか？
いちばん初めにワクワクした気持ちを思い出してみてください。

理解してくれる人は必ず現れるはずです。

そして、あなたの味方になってくれる人を見つけたら、その人を大切にしてください。

1人を大切にできたなら、きっとそれを知ったたくさんの人が仲間になりたいと、あなたのまわりに集まってくるはずです。

あなたの思いを伝えましょう。
絶対に大丈夫です。

伝えるときに、私が意識しているポイントを挙げておきます。

例えば、子どものごはん。年齢によって、おむすびを出したほうがいい場合や、柔らかいお粥を出したほうがいい場合がありますよね？

伝える側のほうが難しい言葉を使ったり、わかりにくい表現をしてしまったりすることがあるということに気をつけないといけないということです。

自分がわかっていても、相手に合わせてできるだけわかりやすく伝えるようにすることが大切です。しっかり握ったおむすびがいいのか、食べやすいお粥なのか。

相手の立場に立って伝わるように伝えようとすることが大切なのです。

気持ちや言葉をできるだけ「咀嚼《そしゃく》する」こと。

そうすることで相手に受け取ってもらいやすくなります。

19

応援し合う大切さ

あなたがいちばん
応援したい人は誰ですか？

「まさみんのように応援されたいです！」「どうしたら応援してもらえるようになりますか？」

よく聞かれることがあります。

何より、いつも応援してくれるみなさんには、ほんとうに感謝しかなくて、ありがとうの気持ちでいっぱいです。

「どうしたら応援されるようになるのか？」について考えてみました。わたしの答えはこうです！

まずは、自分のまわりの大切な人を自分が応援することから始まると思います。なぜなら、頑張っている姿を見たら応援したくなるし、応援されたら嬉しいでしょ？

いたってシンプルなんです。

とにかく大切な人を一生懸命に応援すること。

その人の素敵なところ……笑顔だったり、使っている言葉だったり、行動力だったり。もっている才能を応援したいときは、徹底的にその人から学ぶ姿勢で、いろいろなことを吸収してみるのです。

そうすると、おもしろいことが起きます。

大切な人を一生懸命に応援しているあなたの姿を見て、今度は、あなたを応援したくなる人が現れる。1人、2人、3人と、応援するパソーが広がって、あなたが大切な人を応援しているのと同じように、あなた自身を応援してくれる人が増えていきます。

これって、すごいと思いませんか？　応援力がまわりにも伝わって、そしてみんなが「応援し合う大切さ」を感じて、味わうようになるのです。
私もそうやって大切な人たちを応援してきました。そして、そんな私自身を応援してくれる人たちと巡り会えるようになったのです。

だから、私がいちばん伝えたいことは、まずはあなたが大切な人を全力で応援してみてね、ってこと。まずは、今日やってみてほしいのです。

大切な人の笑顔を見ると、あなたの心も嬉しくなるはず。
すると、今度はあなたの笑顔を見ることで、あなたの大切な人も嬉しくなります。みんなそれぞれが嬉しい気持ちを味わえるのです。

応援し合うことで笑顔が生まれる循環って、最高にハッピーですよね。

20

「いいやん！」で認める

あなたは誰を認めていますか？

「いいやん！」が口グセの私。

いつも自信たっぷりに、まわりのみんなに「いいやん！」と言えるのには、エピソードがあります。


筆文字アーティストとしても活動し始めた頃。

頑張ることができたのは、書くたびに大好きな友人たちが喜んでくれたからです。

一筆書くと「天才！」と言われ、さらに一筆書くと「家宝にする！」と喜んでくれました。

ただ、ただ、喜んでくれるのが嬉しくて、ひたすら書き続けました。

書いた作品の数はなんと、3日間で100枚（笑）。

誰にも「練習しろ」なんて言われてないし、「もっとうまくなれ」なんて言われてないけれど、「もっと喜ばせたい！」とひたすら書き続けました。

1枚書いてはプレゼントし、1枚書いてはSNSで公開しました。

にやにやしながら毎日を過ごすうちに、ぐんぐん作品を書く力は成長していきました。

この行動が、筆文字アーティストとして全国でセミナーをすることにつながっていきました。


もともとNPOの時代から**「いいやん!」**と言うことが口グセだった私。

しかし当時は、自分が発するこの言葉のパワーに気づいていませんでした。

でもまわりのみんなに認めてもらい、「すごい!」「天才だよ!」と言い続けてもらった結果、私は想像以上の成長を遂げることができたのです。


昔、読んだ育児書に〝**子どもをたくさん認めよう**〟と書いてありました。

そのときの疑問は「どこまで認めたらいいの?」「たくさん認めたら子どもは調子にのるんじゃないの?」でした。認めすぎたらどうなるのだろう?

と不安だったのです。

今、みなさんに伝えたいのは、どこまでも認めたらいいし、調子が良いときには、調子にのらせてあげてほしいということです。

細かなアドバイスをしなくても、認めてあげることで本人自身が何をしたいのか考え、より良い選択をしながら成長していきます。

何でもかんでも親やまわりの人が責任を取ろうとして、「あなたはできないかもしれない！」だとか、「そんなの無理よ」だとか、人の可能性をつぶさないでほしいのです。

一見、責任があるようで相手を否定する発言は、相手の可能性をつぶしてしまうことに気づいてほしいのです。

〝無責任な「いいやん！」が人を育てる〟。

それは自分の経験から学んだことです。
もし、「お子さんを成長させたい！」「能力を発揮させせたい！」と思っているなら、ひとつひとつの行動を「いいやん！」と認めてみてあげてください。お母さんやお父さんの喜ぶ顔や「いいね！」「嬉しい！」などの言葉によって、子どものほうから「もっと成長したい！」と成長していってくれます。

本人にとって夢中になること……それがいちばん成長する近道なのです。

「20のメソッド」を読んで、「人生って、いろいろなんだな。私にもできるかも！」って少しでも思ってもらえたら嬉しいです。

人生とは旅のようなもの。日々誰と出会い、どこで過ごすか。
その選択が大切で、その連続が人生なのです。

いつも生きられるのは〝今この瞬間〟。
だから、
今、楽しい？
今、つらい？
いつも、あなたの心に聞いてみてください。
一瞬一瞬の感情の積み重ねで、人生はつくられていきます。
〝過去でもなく、未来でもない今ここに集中〟し、今日も生きていきましょう。
時間とは命、です。
命を使うと書くと「使命」になりますよね。

あなたの使命は、あなたの魂が知っています。

だから、あなたが、あなた自身に問いかけてみてほしいのです。

人はみんな才能をもって生まれてきています。

才能は大切な人を喜ばすことで磨かれるものです。


私が願うのは、あなたの才能を使い、あなたの使命を生きてください、ということです。

もし、人生に迷ったときは自分と対話してみてください。必ず答えを返してくれます。

人は、挑戦と失敗をくり返しながら成長していくのです。

今日もその成長を積み上げていく。ただそれだけです。


すべての答えはあなたの中にあります。

あなたの人生の主役はあなたです。

あなたの人生がよりハッピーになりますように。

今日から何を始めますか？

ほんとうにやりたいこと、大切な人がその一歩を踏み出せないでいるなら、

「いいやん！」のひと言で、1人ひとりの才能は輝き始めます。

あなたに〝いいやん！〟を。

私に〝いいやん！〟を。

〝いいやん！〟で認める社会を。

まさみん応援メッセージ②

愛されながら成功する人、まさみん

青木《あおき》千草《ちぐさ》さん

あれはもう今から6年くらい前だったでしょうか。

初めて会ったときのまさみんは、忘れられません。

私の目の前に遠慮なくグイッと顔を突き出して、すごい勢いでこう言ったのでした。

「ねぇねぇ千草さん!!　私の友達が千草さんの手帳講座をしてほしいって!!

ね、どうしたらいいい？　ねーっ!?」

小動物のリスみたいな丸い目をクリクリさせて聞いてきました。

初対面なのに人との距離感を一気にブチ破る純粋さと真っすぐさ。思わず私はあっけに取られました。

なんて人懐っこくて、真っすぐで純粋なのだろう。

きっとほんとうに心の底から思っている「なんとかしたいの!!」って、まさみんの声が聞こえた気がしました。

当時、私は自社の手帳の講演会やセミナーで全国を行脚《あんぎゃ》していて、実は気軽に安易なオファーを受けないようにしていた頃でした。

しかし、そんなことはおかまいなしのまさみん。

「ママ向けの講座をやってほしいの！　みんな受けたいって!!」

お、おおぅ。どうしようかな、とさすがに少し考えましたが、彼女の勢いに負けてしまった私。

「わかった、わかった。やりましょうか」

とつい返事をしてしまいました。

でも、次の問題が講座の価格です。

ふだんは数万円の講座をしていた私。でもまさみんは、ママ向けって言っているから、きっとこの価格では難しいかも……。

そう感じた私は言いました。

「では、講演会風にして、そこにノウハウも入れ込んでお伝えしましょう。5000円で30人集められますか？」

一瞬、ピクッて止まったように見えたまさみん。

でもすぐに「やります!!」と即答です。

当時の彼女は専業主婦で、まわりの友人もママばかり。普段は500円くらいでイベントをしていたそう。

つまり5000円のイベントなんて前代未聞で、しかも30人!!

きっと清水の舞台から飛び降りる覚悟だったに違いありません。それなのにまさみんは即答だったのです。

さらに私が驚いたのはこのあとです。

丸1日経った翌日。まさみんからLINEが入りました。

「千草さ〜ん!!　30人集まった〜〜!　募集する前に!!（笑）」

ええ⁉　どゆこと⁉　募集する前に？　それも、たった1日で。

まさみん曰《いわ》く、自分の仲間のいるグループラインに送ったら30人集まっちゃったって……。私は目を丸くしました。

このときに心底、この子はほんとうにすごいと思ったのです。

だって信頼だけで人を呼べる子なのですから。

実際、講座をしに行くと「まさみんがとにかくヤバいって言うから来ました！」って人が何人もいました。

いかにまさみんが友人たちから愛されていて、かつ信頼されているのか、とつくづく思った瞬間でした。

まさみんは**「アヒムサ」**の人なんです。

私はヨガの経験が長く、いつも手帳の講座でヨガ哲学のお話をするのですが、そのなかにアヒムサという教えがあります。アヒムサとは自分を愛することです。

そして**「アヒムサを守る人は周囲から敵が消える」**と古典書に書かれています。

つまり、この規律を徹底しているからこそ、彼女のまわりには、まさみんを好きで好きでしょうがなくて応援したい人しか集まらない、ってわけです。無敵ですから最強なのです。

(この手帳講座の主催から始まり、筆文字アーティストになり、どんどん活躍の場を広げ、午前3時の手帳会をやりだし、100人を超えるコミュニティになっていったのを、ずっとそばで見ていました。

きっとこの子はすごいことになる、と確信めいたものが私にはあったのですが、この出会いのエピソードがそう思わせていたのでしょう)。

それからまさみんと出会って数年後に、私が講演会で**「愛される起業家になる7つのルール」**をお話したことがあったのですが、これはまさみんをイメージしてつくった7つのルールだったのでご紹介しておきます。

愛される起業家になる7つのルール

1.「ほしい！」が言える
2.「ありがとう」が言える
3.「助けて！」が言える
4.「ごめんなさい」が言える
5.「どうしたらいい？」が聞ける
6.行動で示す
7.今すぐ!!　やる

ね、まさみんそのものでしょう？（笑）

これができる人は未来を自分で創っていけるんです。まさみんは純粋で素直。嘘がない。すぐに行動する。わからないことがあれば「わかりません」って言える。

成功する法則を地でやっているのですから、うまくいくしかないのです。

これからも愛されながらどんどん飛躍するまさみんを見るのが楽しみです。

［プロフィール］

株式会社CITTA代表取締役。CITTA手帳考案者。累計33万部発行の人気手帳、未来を予約するCITTA手帳の考案者。お金なし、時間なし、才能なしのシングルマザーから起業し、実業家に。ヨガ歴19年のヨガ講師。ヨガ哲学を学んだ知識を活かし日常で実践するため、ヨガ×手帳CITTA手帳術を生み出す。手帳を通じてヨガ哲学にある「自分を愛すること」を伝えるための「オンラインサロンCITTAers朝活」で日々配信中。

Chapter 3

大好きな「家族」のこと

子どもたちへ いつもありがとう

公務員を辞めた29歳まで、私は自分が描いた「理想の幸せ像」に向かって忠実に近づこうとしていました。

すでに、高校生時代に描いていた理想の自分――。

◎高校を卒業したら公務員になる
◎20代の前半で子どもを産む
◎夢のマイホームを手に入れる

予定どおり、どれも実現することができました。

でも……それによって心の中が幸せいっぱいに満たされることはなく、いつもどこか心にぽっかり穴が空いていて埋まらない感覚がありました。

私のことをありのまま受け止めてくれる夫。

22歳、24歳、27歳と3回の出産を経て、愛する3人の子どもたちもやってきてくれました。もともと、小さな子どもと遊ぶことが大好きだった私。だから、自分の子どもだったらどんなに可愛いだろうと思っていました。

ところが……。子育てがスタートした22歳のとき。自分が思い描く理想のおかあさんとのギャップにもがいていました。

そんな焦りからなのか、自分が想う「理想の子ども像」を子どもに押しつけて、毎日怒っていたように思います。

なんで、あいさつできないの？
なんで、お友だちに優しくできないの？

そうやって子どもを責めていました。

外では優しいおかあさん。でも、家の中では、子どものできないことを責めるおかあさん。

ありのままを受け止め、子どもをのびのび育てたいはずだったのに、うまくできず、それが子どものためだと思っていました。

気がつくと、子どもの自尊心を傷つける言葉ばかり発してしまっていました。就寝後、子どもの寝顔を見て、

「こんな、おかあさんで、ごめんなさい」

1人涙を流す日々が続きました。

「これではいけない」

子どもを育てる視点を180度変えることを決意しました。

「子どもを育てるんじゃない！
子どもから育ててもらっているんだ！」

子育ての視点を変えると、子どもを怒ることが一気に減りました。そして、

子どものできないことに目を向けるのではなく、できることに目を向けられるようになり、毎日に自然と笑顔が生まれたのです。
いつも、子どもの変化や成長を求めてきたけれど、いちばん変化や成長が必要だったのは「私」自身だったのだと痛感しました。

毎日の笑顔の積み重ねが私と子どもの「成長」につながることを知ったことで、今日1日を大事に生きることが、とても大切だとわかったのです。

私が今思う「理想のおかあさん」は、自分の理想どおりに子どもを育てようとする人ではなくて、自分の生き方や考え方を見せながら、子どもたちの選択肢が増えるよう導いてあげられる人です。

我が家では、私が急用で家を留守にしたり、帰宅が遅くなったり仮に倒れたりしてしまっても大丈夫なように、日頃から子どもたちと一緒に夕飯をつくるようにしています。


ある日のこと。次女が興奮しながら話してきました。

「ママ！　ヤバい！　ほうれん草のお浸しが美味しすぎて止まらないよ！」

もはや、味見の量ではない食べっぷり（笑）。

「どれどれ……やばっ！　まるで料亭で食べる料理みたいな味だよ」

ほめ言葉は、さらに次女の自信につながります。

料理が〝お手伝い〟ではなく、自分の仕事になったとき、子どもたちの表情が変わります。初めはうまくいかなくても、どんどん上達！


今では「ご飯、炊《た》いておいて～」と言えば「3合でいい？」って返事がきたり、「今日はハンバーグにする～？」と言えば、「ミンチとパン粉がないわ～」と返答があるようになりました。

あたりまえだと思っていた「子育て」をやめて、子どもと毎日、楽しく生きることを軸に置くと、子育てがとても楽になった私。毎日怒っていて、まわりの目を気にする嫌な「おかあさん」、それを無事卒業することができたのです。

「子どもを育てるのではなく、子どもから学ぶ」

ちょっと視点を変えただけで、子育てが楽しくなってきて、まったくイライラしなくなりました。

100人の子どもと母親がいれば、子育ても100通りあっていいと思います。もしかしたら、世間一般からすると、私は絵に描いたような「理想のおかあさん」ではないかもしれません。

でも、そんな世間的に見てどうなのか？　よりも、我が家の子どもたちから見てどんな「おかあさん」なのかを大切にしたい。子どもたちの気持ちを大事にしたいと思うのです。

「ママの子どもでよかった」

そんな言葉を聞いたとき、

「私を選んでくれて、ありがとう」

と感謝の気持ちがあふれ、

「子育ての視点を変えてほんとうに良かった」

そう心から思いました。

まさみん流子育て

生きるって楽しいよ！あなたが生きているだけで嬉しい

私が子育てをしていくうえで、子どもたちに伝えたいのは次の3つです。

①人はみんな可能性であふれているよ
②答えはあなたの中にあるよ
③人は1人では生きていけないから仲間が必要だよ

つまりは、

「生きるって楽しいよ！　あなたが生きているだけで私は嬉しいよ！」


そういうことを伝えたいと思っています。

以前の私なら、子どもの可能性を信じることができず、子どもの答えを親である私が決めて、子どもを支配しようとしていました。

そうすると子どもは、私の反応を見ながら、自分の行動を決めてしまうよ

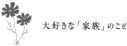

うになりました。私の機嫌を伺うことが子どもの人生ではないのに、そうしてしまっている自分を反省しました。

このままでは、マズい。他人の目ばかりを気にして、自らの意志で行動できない子どもになってしまうかも。

そんなとき、たまたま聴いた、ある子育てセミナーでの講師の方の言葉が胸に突き刺さりました。

「優しい子に育てたいなら、あなたが優しくなりなさい」

「あいさつする子に育てたいなら、あなたがあいさつしなさい」

決して「優しくしなさい！」と怒ったり、「なんで、あいさつをしないの？」と責めたりするのではなく、子どもの成長を待つのです。

ぎょえ〜〜〜！

「お友だちに、何で優しくできないの⁉」

いつもそんなふうに怒っていた私には、耳が痛い話でした。

でも、不思議とストンと腑《ふ》に落ちる自分がいました。

相手に求めることは、口で伝えて強制しがちだけど自らが模範となって行動し、見守って待つことが大切です。

簡単なようで、とても難しいけれど、私はそれを実践しようと決めました。

初めからすぐにできたわけではありません。ひとつひとつ行動に移していくうちに、少しずつできるようになっていったのです。

先にも書きましたが、「子どもを育てる」という視点から「子どもから学び、共に成長する」という視点に変えることで、毎日怒ることがなくなりました。

親であるあなたの言動が、子どもたちに大きく影響します。

あなたは子どもたちに、どんな人生を送ってほしいですか？

すべては、まず自分から……。

まさみん流子育て

我が家のお小遣い事情（お金の話）

この原稿を書いている2023年の4月現在、我が家には高校1年生の長女「みゆ」、中学1年生の次女「まお」、そして三女で小学4年生の「みさ」がいます。長女のみゆが、まだ小学5年生だった頃、

「年間のお小遣いを3万円にします」

というルールをつくりました。

以前、自分のブログでこのことを書いたところ、たくさんの方々から「興味がある！」と問い合わせをいただきました。

家庭によって、子どもたちに渡せるお小遣いの金額は違うので、いくらに設定するのが良いとか悪いとかはありません。

私がこの「年間3万円」というお小遣い制を実行し始めたのは、みゆが小学5年生の夏からです。なぜそうしたのか？　これはあくまでも私の考えな

ので、「こんな考え方もあるよ」程度に読んでみてくださいね。

それまでは、お小遣いというものを一切あげていなかった我が家。どうしていたかというと、ほしいものや必要なものが出てくるたびに、私に対してその必要性をプレゼンして、私がOKを出したものに対してお金を渡すようにしていました。

お金を渡すことの是非を子どもの基準ではなく、私の基準ですべてジャッジしていました。思い返してみれば、私が子どもの頃もそうでした。自分のほしいものや好きなものがわかっていたのに、

「これよりもあっちにしなさい」
「これと似たようなものがうちにあるからやめておきなさい」

日々の何気ない親からの言葉で自分の気持ちや考えを抑えながら成長していくうちに、親やまわりが「良い」と思うことを軸にして、生きていくようになっていたのを思い出しました。

そのうち、自分のほんとうの気持ちがわからなくなってきて、すべてにおいて自分軸ではなく他人軸で生きるようになったことを、私自身が経験をしていたのです。自分の軸がないから、いつも不安で、自分の言葉で話せなくて、そんな自分をうとましく思っていました。

私が子どもたちに伝えたいのは、

「自分の好きという気持ちは宝物」

ということ。だから、その気持ちを大切にしてほしいのです。

自分の気持ちを大切にできると、自然と相手の気持ちも大切にできるようになります。自分の経験からも、まずは自分を大切にするという大切さを知っていたのです。

ちょうど、みゆが小学5年生になった頃、仲間うちでブランドの服が流行《はや》りだして、「ほしい!」と言い出すようになりました。

今まで買っていた服は2000円前後だったのに、急に5000円から1万円もするものをほしがるようになったのです。

子どもの中ではお金に対する価値観が育っていないから、いつもよりは高いとわかってはいても、それだけのお金を払う価値があるかはわかっていないなと思いました。

この頃は、今年買った服が、もう翌年には着られないくらい子どもたちが著しく成長する時期です。だから、たった1年のために10000円のパンツを買うかどうかの答えは、私の中ではＮＯでした。

ただ、それは私の基準であって、きっと、みゆには違う基準があるかもしれない。


もしも、みゆが将来、ファッションデザイナーになったり、服飾関係の仕事に就く夢があるのなら、１００００円のパンツは必要な投資かもしれません。

でも、すべてのものを買い与えるのは違うのではないか？　と自分の中で疑問が出てきました。

考えれば考えるほど、私自身の軸もブレ始めました。

そして、どうすればいいのかな？　と考えていたところ、
靴や服など、だいたい毎月３０００円は買い与えていました。年間にすると３６０００円。思いきって年間３万円を最初にあげたら、私も年間６０００円の節約になるし、娘自身も、

「こんな大金をどう使おう？」

って考えるかもしれないなとひらめきました。

これが我が家のお小遣い制度の始まりです。

そして1年後……。みゆに感想を聞いてみました。

私：「1年間を通してどうだった？」

みゆ：「お金の使い方がわかった！」

私：「お金の使い方がわかったの？　すごいやん！　どこが良かった？
　何かひとつ、ここが良かったよというところを教えて」

みゆ：「大人になってからもお金を使うから、小さいうちにお金の使い方
を知っといたほうがいいと思う。この1年間でお金の使い方がちょっとわかってきた」

私：「すごいね！　お金はどんなことに使ったの？」

みゆ：「服や靴や好きなものとか。文房具とか水着とか学校で必要なものも買ったよ。ご飯以外は自分で買う感じ」
私：「ご飯も、自分たちが友だちと遊びに行ったとき食べたいと思ったら買うよね。まだ残っているの？」
みゆ：「5000円くらいあるよ」
私：「いちばん買って良かったなぁって思うものは何？」
みゆ：「GOT7のCD！」
私：「いくらしたの？」
みゆ：「8000円ちょっとだったかな」
私：「それがいちばんだったんだね。良かったねぇ」

このような会話ができました。
これはお小遣いの使い道の話ですが、自分が責任をもって決断をする練習にもお金の使い方は役に立ちます。それが応用力にもつながっていきます。

以前の私は、子どもが「A」をやろうとすると、「Bのほうがいいんじゃない？」と言い、子どもが「B」をやろうとすると、「やっぱりAのほうがいいよ」と言うことがありました。

迷わせるだけ迷わせて、子どもがどうすればいいのかわからなくなってあげくの果てに子どもに、

「あなたはいつも自分で決められないのね」

なんて言葉を発していました。

今なら、もともと決断をしようとしていたときに、迷わせなければいいんじゃないかと思うのです。もし子どもが「A」をやろうと決めたとき、

「いいやん！　やってみなよ」

と応援して、やっぱり「B」がいいかなと決めたときも、

「それもいいね！　やっぱりすごい！」

そうやって認められたら、自分の中で答えを探そうと、どんどん成長していけるんじゃないかと私は思っています。

まさみん流子育て

学校に行かなかった日のこと

私が熱心にブログを書いていた頃、いちばんの読者は娘たちでした。ある日、「ブログを書いてみたい！」と言ったので、まずはメモに書いてみたら、とすすめてみました。

何を書いたのか知らずにその日を過ごし、夜、不意にメモを見た私は、思わず号泣してしまいました。そこには、こんなことが書いてあったのです。

もう生きるのがつらい
やるべきことはやった
やれないことはいっぱいあった
動物のお医者さんになること
世界一周をすること
いろいろあった
でももういいねん
だから死にたい

あーあ
私は何のために生まれたんだろう?
ママは私をどうして産んだんだろう?
もう神様のところに行きたい
早く楽になりたい
対処法はない
ママとパパに頼りたくない
いろいろ頼ってきたけれど
ママとパパにはもう迷惑かけたくない

その頃の娘は、まだ小学生で、よく学校を休むようになっていました。

娘が書いた文章を読んだ瞬間は、目の前が真っ暗になりましたが、しばらくして冷静に考えると、こうやって自分の気持ちを素直に伝えられる娘はすごいと思いました。私は、娘が書いた心の声を読んで、もう1日休ませてもいいな、と思いました。

しばらくして起きてきた娘。私の顔を見るなり、

「ママ、今日は何をするの？」

と聞いてきたので、私は

「今日は、植松努《うえまつつとむ》さんの講演会だよー」

と答えました。

北海道で宇宙開発をされている植松さんは、とにかく「やってみること」を大切にされていて、「どうせ無理」という人の可能性を奪う言葉をなくし、挑戦することの必要性をいろいろなところで伝え続けておられる方です。

以前、私は「ＮＰＯ法人くさつ未来プロジェクト」で植松さんの講演会を主催したことがあり、娘はそれに参加していました。

少し考えたあと、顔をあげて、娘が言いました。

「そういえばさ、昔、植松さんが、学校が嫌いだったと言っていたけど、そ

のときは学校に行っていたのかな?」

「わからないな〜。どうなんだろう?」

「今日は、学校を休んで植松さんの講演会を聴きに行きたい」

私は、娘のほうから言ってきたことに驚きました。

以前、講演会を主催していたとき、娘はまだ幼稚園の年長だったので、内容があまりわからない様子でした。なので、そのときのことを覚えていることにびっくりしました。


講演会に行くと「メモを取る紙がほしい」と言われたので紙を渡すと、一生懸命に言葉を綴《つづ》っています。あとで見せてもらうと、素敵な言葉がたくさん書かれていました。

「すごい! めっちゃいいやん!」

すると、今度は娘が私の書いたメモを見て、目を丸くして言いました。

「ママって、メモの達人やん! たくさん書けてるし、うまくまとめられて見やすくて、ゴージャスで、そして見た目が可愛い！」
めちゃくちゃほめてくれました。

（娘が書いたメモ）
今できないことを追いかけるのが夢じゃないの？
嫌なことを我慢しないで何で嫌なのかを考えよう！
不安の向こうに喜びがあるよ
人を助けるためには観察をして、予測をして、
自分ならどうするのかを考えよう
人は足りないからこそ助け合えるんだよ
人との出会いで人生がちょっとずつ変わっていく
経験によって能力が身につくよ
未来はわからないからあきらめる理由はないよ
好きってすごい、仲間を増やしたり、力を増やしたり

可能性を増やすことができる
夢はわかってくれる人が見つかるまで話そう

講演後、ご縁から植松さんの楽屋に行かせてもらえることになりました。

私のことも覚えてくださっていて、娘も交えて話がはずみました。

そのとき、偶然にも植松さんから、

「小さいとき、死にたいと思ったことが何度もあったけれど、それを乗り越えたらいいことがいっぱいあった」

そのような話が出てきて、私は心の中で娘みたいだと思って横目で彼女を見ると、ニヤリとした顔をしていました。

帰り道、植松さんと一緒に駅までの道を歩きながら、学校のこと、社会のことなどたくさん話をしてくださいました。植松さんが最後に、

「自分の心を大切にしてね」

と言って、娘に名刺を渡してくれました。

それを大切そうに握りしめながら歩いている彼女の姿を見て、私は、

「もう大丈夫だ」

そう心の中で思いました。それは、娘から発している〝前に進むエネルギー〟を感じ取ったからです。

「ママは、植松さんとお友だちなの？」

「社会を良くする仲間だよ。あなたも、みんなが幸せに暮らすにはどうしたらいいかな、って考えているから、植松さんの仲間だと思うよ」

「たくさん仲間がいると強くなるね」

そう！　あなたは１人じゃない。

人生は、人との出会いで変わると言うけれど、ほんとうにそうだと思います。人生のどん底のタイミングで起こったミラクルな出来事。

すべてが必然的に動いているのだと感じました。

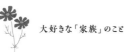

まさみん流子育て

子どもの感性を丸ごと受け止める

話をするのが大好きなのは、三女のみさ。それも、

「なぜ人は生まれてきたのか？」

「生きるって何？」

「幸せって、どーゆーこと？」

など、特に哲学的な話をするのが好きなんです。

子どもならではの素直な考え方と簡単な言葉で、大人の悩みを解決してくれる特技があるので、以前「教えて！　みさ先生！」という、イベントもやっていました。


たまに「神様の声が聞こえる」と言うので、

「神様の言葉をくださ〜い」

と言ってみると、乗っていた車の前の座席を指さして、

「イスに聞くわ！」

と、急にイスに手を当て始めました。一瞬「えっ？」って、まわりの空気

が止まった気がしました。

実は、その日の数日前、作家のひすいこたろうさんの講演会で、「机に聞くヒーラーさんがいる」って話を聞いたばかりだったからです。

「えっ？　あの講演会のとき、みさってていたかな？」

と考えてみると、私1人で行ったので、その話をみさが知っているわけがありません。

しかも、講演の内容をみさには話していなかったので、ほんとうに、びっくりしました。みさは、ちゃんとイスから受け取った〝言葉〟を伝えてくれました。本人に聞くと、壁とか空気からも〝言葉〟を受け取ることができるらしく、さらに驚きました。

「空気!?」って思うでしょ？　でも、ほんとうにそのとき、まわりの空気を吸い込みながら〝言葉〟も伝えてくれました。

「すーごーーい！」

我が子ながら、びっくりさせられました。

「教えて！　みさ先生！」を開催した日の夜にイベントに参加してくれたみんなが、みさからのメッセージを受け取って喜んでくれていたことを伝えると、嬉しそうにこんなことを言ってくれました。

「みんなが喜んでくれて、嬉しかった！　みさね、勉強は嫌いだけど、学びは好きなの」

その頃、みさはまだ小学2年生でした。

勉強することと学ぶことは違う、と認識していたみさ。

みさは、身体の後ろにチャックがついていて、ほんとうは大人が入っているんじゃない？　って思うほど昔から大人びていました。

子どもたちは、いろいろなことを感じながら話してくれます。

そのときに大切なことを伝えてくれているので、心から耳を傾けて、じっくり話を聴いてみてください。

まさみん流子育て

思ったことを表現する心と行動に移す心

心の中で思ったことを表現する力って、実は大人よりも子どもたちのほうがあるなぁと感じます。

先日、小学生の三女・みさからイラストつきのお手紙をもらいました。

「笑」の字を真剣に書いて、「喜んでくれるかなぁ……」って、少しはにかみながら渡してくれた姿がとても嬉しかったです。

手紙に添えられた言葉は、

ママへ
いつもありがとう
見てほしいところは
花のいろにこだわって描いたところ
よーく見るんだよ
いつも大好きだよ
ママへ　みさより

「もう、可愛すぎる!!」と、悶《もだ》えました。愛をたくさん表現できる力がすごい！　愛をいっぱい受け取り、癒されました。

大人になると、なぜか自分の思ったことを素直に表現することが難しくなりますよね？　でも、ほんとうに大切なことは、自分のまわりの人たちに愛を伝えることなんじゃないかなって、私は思います。

「伝えられるときに、伝えたい言葉で、大切なことを伝える」

これって、できそうでなかなかできないことです。

だからこそ、あらためて大切な人に、どんな言葉を使って愛を伝えるかを考えてみてほしいと思います。

またあるとき、子どもたちが朝に散歩をしたいと近所を歩くようになりました。そのときも、子どもたちならではの、いろいろな発見がありました。

歩いていると目についたゴミ。それが気になったままおは、

「道にあるゴミを拾いたい！　だからトングがほしいねん！」

と言いだしました。私は、子どもたちの話を聞きながら、

「うん、うん。やりたいことはやりたいときに、やったほうが絶対にいい！」

ということで、朝の散歩が、朝からゴミ拾いになりました。

先日も、家に帰ってすぐに、

「地球をキレイにしてくるわ！」

そう言って長女と次女が2人で1時間のゴミ拾いをしていました。

誰かに言われたからやるのではなく、誰かにほめられるからでもない。

地球をキレイにしたい！　その素直な思いですぐに行動に移せる行動力が
ほんとうにすごい！　1人ひとりが自分のまわりを少しずつキレイにすれば、
地球は確実にキレイになるなと、そのとき思いました。

ほんとうに大切なことは、子どもたちが全部知っています。

思ったことを素直に表現する心と、すぐ行動に移す心から大いに学んでいこうとあらためて強く思いました。

夫へ
「いつも
応援してくれて
ありがとう」

ある勉強会に参加するために、私が住んでいる滋賀県から大阪まで、早朝の電車に乗って通っていたときのこと。朝の9時から20時まで学び、帰宅するのが22時。それが3日間続きました。

帰宅してからも午前0時まで宿題をして、翌朝は5時30分に起きて支度をする――。大学生って、勉強とサークルを両立していたら、きっとこんな感じなのかなぁと高卒の私はイメージしていました。

朝起きてきた夫は、支度ができた私を見てこう言います。

「やりたいことをやる力って、すごいな。いくつになっても学べるんやなぁ」

朝からほめてくれて、「行ってらっしゃい」と車で駅まで送り出してくれました。職場で出会って、21歳のときに結婚してから、ずっと一緒にいる夫は、世界でいちばんありのままの私を認めてくれる存在です。いつ、どんなときでも私の背中を押してくれます。

朝から私のやる気を出させてくれて、優しい言葉をかけてくれて、感謝しかありません。

「ありがとう！　頑張ってくるね！」

今日1日をワクワク過ごすイメージが湧いてきます。もしも、「自分の好きなことばかりして、今日も朝から大阪に行くの？」「そんなに勉強して何になるの？」とか言われたら、悲しくなって、やる気もなくなったと思います。

そこからの学びは、相手の行動を受け止め、励ましや応援の声をかけることによって、相手の1日のテンションが決まるということ。

子どもたちや夫が、学校に行くとき、仕事に行くとき、習いごとに行くとき、遊びに行くとき、あなたは、どのような声かけをしますか？

「今日も1日、楽しんできてね！　あなたをいつも応援しているよ！」

いつも、そんなふうに送り出したいと私は思っています。

よく私たち夫婦がどのような会話をしているのか？　と質問を受けることがあります。そんな特別な会話なんてしていませんが、今、感じていること、興味のあることを全力で伝えています。

「パパ、おはよう。あのさ、今朝はこの本を読んだんだけど、おもしろいことが書いてあったから言ってもいい？」

「どーぞ」

「〝雑巾を　当て字に書けば　蔵と金　あちら福々　こちら福々〟。これ、ヤバくない？　爆笑なんだけど」

夫は苦笑い。

「それでは福を集めてまいります」

朝から掃除に励みました。吉川家は今日も朝から平和です。

父の存在

父との確執

いろいろな活動をしていく中で、ありがたいことに講演やセミナーを頼まれることも増えてきました。そんなとき、よく父の話をすることがあります。

自分が親になり、自分らしさを考えるようになって、悩み、模索しながらも、ようやく心から認め合える仲間と出会えた私。

時間をかけて、少しずつ自分らしさを実感できるようになって初めて、私の父への見方が変化しました。

常に真面目で厳しい警察官だった父は、「安定した公務員になって勤めることで人生は幸せになる」と私に教えてくれました。そして、私にも同じように公務員になってほしいと小さな頃から言っていました。

すでに小学生の頃から、大学に行くよりも公務員試験を受けて就職するほうが幸せになれる……そう育てられた私は、父に言われたとおりに公務員試験を受け、公的機関に就職するほうがいいんだろうと思うようになりました。
そうするうちに、ほんとうに自分がやりたいことなんて考えなくなりました。

「立派な大人にならないといけない。人に頼らず生きていけるようにならないといけない」

自立するとは、そういうことだと思っていて、そんな考えの影響からか、高校生のときからまわりに頼るということが苦手でした。誰に相談すればいいのかもわからなくなって、公務員以外の選択肢を知ろうとしませんでした。

高校卒業後、市役所の採用試験に受かると、まわりの大人はたくさんほめてくれました。いちばんの幸せ者だと言いながら、ちやほやしてくれました。「幸せを求める」人生に、正解や不正解などないはずなのに、私は、これで合っていると思いました。

幼い頃から自分がやりたいことを言っても「ダメだ」と言われ、「こっちにしなさい」など、「日常にある小さな選択も、親から言われたとおりに従わないといけない」と思い込んでいた私は、いつの間にか自分の意見をもたなくなりました。いや、もてなくなったと言うほうがしっくりくるのかもしれません。

たとえ、やりたいことが少しできたとしても、

「私には、どうせムリ（認めてもらえない）」

と勝手に決めつけて、まわりや環境のせいにして、自分は動こうとしませんでした。もしも行動して、できなかったとき、どうしたらいいのかわからない……自分の実力を知るのが怖かったのです。

ほんとうにやりたいことは受け入れてもらえない経緯をくり返しながら、

私は大人になりました。そして、いつも父を恨んでいました。
心の中では、いつも〝父に認められたい〟、その気持ちがあったのだと大人になってから気がつきました。

「おとうさんのせいで、公務員になったのに。
全然幸せになれないやん！　おとうさんなんて大嫌い！」

そう恨んでいた私。まさか〝父に認められたい〟願望が誰よりも強く、執着していたとは思いもしませんでした。

父に認められた一心で、認められそうなことにフォーカスするようになり、世間体ばかりを気にして生きていました。そうしていくうちに自分が自分ではなくなって、自分の人生は誰が生きているのか、わからなくなり、自分はロボットなのかもしれないとさえ思うようになりました。

自分のポジションは、いくらでも代わりがいるのではないかとも思っていました。そんなことを考える自分が嫌いでした。

理想の子どもを演じているうちに、いつしか私も理想の父を求めるようになり、お互いに足りていないところを探すようになりました。

できているところよりも、足りていないところに焦点をあて、互いに批判し合うなんてとても悲しいことです。そのことに気づくのには時間がかかりました。

自分の人生は自分で生きようと決意したのは29歳のとき。

言い訳の原因となっていたのは〝私は公務員だからできない〟でした。だから、公務員を辞めてもう言い訳はしないと心に決めました。

自分のやりたいことにフォーカスするようになってしばらくして、所属するNPOが主催した植松努さんの講演会で、私はとても大切なことに気づかされました。

「自分を認められていなかったのは、実は自分だった」

今まで散々、人のせいにしてきました。

私は悪くないと、ずっともがいてきました。

でも、ほんとうに自分を認めていなかったのは、他の誰でもない自分だったのです。どうせ無理と、自分に言っていた私は、自分の可能性を自分でつぶしていたということに気づいたのです。

言い訳をやめ、「どうせ無理」という言葉を捨てて生きていくうちに、〝今の自分〞を今日、最大限に生きられるようになりました。

それは、あんなにも執着していた父から解放されることにつながっていったのです。私が苦しかったのは、父が私を認めていなかったからではなく、**私が私を認めていなかったことがすべての原因**だったのです。


あるとき、地元の大学を会場にして参加した防災キャンプでの出来事。

夫が忙しかったので、私は子どもたちと、そして父を誘って参加しました。

その日は私の31歳の誕生日。30歳の最後の日を父と過ごすことになるなんて、何だか不思議な気分でした。


そのとき、ふいに、父が私の友人に歌のプレゼントがあると言い出しました。そのプレゼントは、「空へ」という曲でした。初めて植松努さんを滋賀県にお招きしたとき、運営していたＮＰＯの代表のなおちゃんを思って父がつくった曲だったのです。

「恥ずかしいからやめて！」

以前の私ならそう言っていたでしょう。ところが、信じている仲間のみんながら「すごいやん！　いいやん！」と喜ぶ姿を見て、好きなことを全力で認め合えるって素敵だと感じました。
父の行動にもイラっとしなかった自分に何だか成長を感じました。

『空へ』作詞・作曲　父

大きな　夢が　私にはある
未来へ　続く　光が見える
歩めばきっと叶うから
私の夢よ空へとんでゆけ

※空へ空へ空へ　夢よとんでゆけ
空へ空へ空へ　思うは招く
大きな夢だと　思う人もいる

できないだろうと　笑う人もいる
それでも　叶うと信じていく
私の夢よ　空へとんでゆけ

※

一人で泣いた日々もあった
辛い苦しい日々もあった
それでもきづいた
仲間がいる
私の夢よ空へとんでゆけ

※

あんなに嫌いだと言っていた父。実は、ほんとうは大好きだったんだという気づき。結婚式のときですら、感謝の気持ちよりも解放される気持ちのほうが強かったのに……。

「おとうさん、ありがとう」

今ある命は、おとうさんがいたからこそ。父に感謝できるようになったことで、自分の命への感謝も深まったと思います。

まさみん応援メッセージ❸

強運の人は顔に出ます

崔《さい》 燎《りょう》平《へい》さん

開運アドバイザーの崔燎平です。
まさみんとの出会いは、大阪で有力な経営者が集まる場所でしたね。
その場所で、自分の横に座っている人に、こう聞かれたのが始まりです。

「ここには、大活躍されている経営者の人が集まっていますが、この中で、いちばん金運が強そうな人って顔でわかりますか?」

自分は、すかさず答えました。

「金運がいちばん強そうな人はわかりません。ですが、運が強そうな人は誰だかわかりますよ。……この人です」

その集まりには20〜30人くらい人がいました。その中でいちばん運が強そうだと思ったのが、斜め前に座っていた〝まさみん〟でした。

「事業家やお金儲けがただうまいだけの人は、運がいいとは決してかぎらない。ほんとうに運が強い人は、顔がこういう顔をしています」

そのとき、まさみんから、

「実は、今年いちばん仲良くなりたい人を10人書いていて、そのランキングのトップが崔さんでした‼」

逆に言われてびっくりしましたが、それがきっかけで、まさみんと意気投合しました。

ふだん使っている言葉や感情がいいから、人相がいいのであって、お金儲けが上手だから運が強いとはかぎりません。

「どうしてまさみんが、そんなに運がいい顔をしているのか？」

たくさんの人の前で、キレイな言葉を使い、励まして、笑顔でいるから。たくさんの人から支持されて、ファンがついて、好かれているというのが顔にそのまま表れているわけです。

午前3時の手帳会は、午前3時に100人以上の人がZoomで集まり、朝から踊り、今日1日のシェアをしている場所です。

画面をONにして顔出ししている人の顔はみんな、まさみんの人相が伝染した顔をしています。

運のいい人は運のいい人同士で集まります。

つまり、類は友をよび、運命の人を引き寄せます。

午前3時の手帳会は、まさみんが1人でつくっているわけではありません。機嫌や人相が伝染し合って、生み出す力があるあの場所は、この先の日本を変えるひとつのきっかけになると思うくらい、パワーを感じる場所です。

［プロフィール］
北九州の事業家。開運アドバイザー。サラリーマン時代に運命的な占い師との出会いから人生が激変。これまで6万人以上の人たちに生き方のアドバイスを伝えてきた。その話題が口コミで広がり、全国から相談者が殺到中！　自身も人生のどん底を経験したからできたといわれる……魅力の「穴」にハマる人が急増している。現在は、自らの事業経営のほか企業の顧問アドバイザーや講演活動が中心の日々をおくる。

Chapter 4

私がいつも考えていること

毎日〝点〟を打つ

「自分を生きる。今を生きる」

公務員を辞め、筆文字と出会い、朝活をするようになって、私がいつも心の中で思っているのが、この言葉です。

最初の頃は「今を生きる」といっても、一生懸命には生きるけれど、目の前に見えているものだけで楽しんでいたように思います。
視野が狭かったんです。初めはそれで良いと思います。今を生きているようでも奥行きがなく、上辺だけをなぞっている感じでした。

日々、今を全力で生きることを続けていくと、人は常に**「点を打つ」**ことをしているんだと感じるようになりました。今までは、なんとなく生きてきました。そのときの「点」はきっと、なんとなくの点。
そんな点が、全力で毎日を生きることで変化していきました。

例えば、

昨日は、これをやり遂げた。点。
今日は、これをやり遂げた。点。

そうやって、毎日を集中して生きることが点を打つことにつながるのです。

すると、不思議なことに自分の世界が変化していきます。
その変化は、1か月後かもしれませんし、半年後、1年後、もっともっと先になることだってあります。
変化が起きた原因は何か……元をたどってみると、毎日打っていた「点」と「点」がつながって、1本の「線」になるのを体感していくのです。

「ああっ！　これと、これが、こうなって、つながっていくんだ！」

日々生きている中で行動した結果が点になります。今日も全力で生きた。それが今日の「点」。明日も全力で生きる……それも「点」。

そして、目の前に、ありえないようなことが起きたとき、そういうときにふり返るのです。「どうして、こんなことが起きたんだろう?」って。

そして、ふり返ってみると、いろいろな「点」が全部つながっていて、今この現実につながっているということがすごくよくわかります。

人生、生きていれば、いいことや悪いことなど、さまざまなことが起こります。いいときは、喜び、悪いときはへこむように一喜一憂していましたが、いいことも、今の自分にとって悪いと思うことも、未来の自分から見ると、どれも必要な点なんだと思えるようになりました。

なぜなら、失敗したときに出会ったご縁や、うまくいかなかったときに、助けてもらえた経験、そのときは、つらいかもしれないけれど、どれも自分にとって必要な点だからです。

私と一緒に二人三脚、本書を編んでくださった編集者の鈴木七沖さんと初めて打ち合わせをしたとき、七沖さんから私に宿題が出ました。

「まさみんに、ひとつ宿題があります。それは、日本でユング心理学を広めた河合《かわい》隼雄《はやお》さんが行った京都大学での最終講義がＹｏｕＴｕｂｅにアップされているから、それを見ておいてください」

そういう内容でした。

恥ずかしながら、河合隼雄さんを存じ上げず、京都大学の最終講義ってなんだろう？　とさっそく帰宅してから調べてみると、確かに講義をしている様子の動画がアップされていました。

それは英語で「星座」を意味する**「コンステレーションについて」**という題目でのお話でした。

河合隼雄先生は大学教授としてのご自身の最終講義に、この言葉を引用し、それを人生と照らし合わせながらお話を進めていきました。

長年、ユング心理学を通して、数えきれないくらい多くの人たちと接してきた河合先生の結論が**「星を読むがごとく、人生を見つめること」**でした。

星座は、たくさんの星のつながりが結び合って、牡牛座や射手座、水瓶座など、星座の形を成しています。ただし、たったひとつの星を見ていただけでは、それがどんな形になっているのかわかりません。

少し離れて俯瞰《ふかん》しながら眺めたとき、初めてそれが何星座なのかがわかるのです。

つまり、人生にはいろいろなことが起きますし、誰ひとり、同じ人生を歩み、同じ体験をするなんてありえません。夫婦であっても、家族であっても、友だちであっても、1人ひとりが違った人生と「時間」を生きています。

ところが、人生で起きることと、星座の星々を重ね合わせてみると、まるで星を読んでいくかのように、人生で起きることとの類似点が見い出せると言うのです。

河合先生の話を聞きながら、やはり普段から私も大切にしていた「点」と「線」の考え方と同じだと妙に納得しました。

私たちの人生では、いろいろなことが起きます。

例えば、私の場合なら、それが人と人とのご縁によく現れます。

ひょんなご縁から出会った人たち。そのときは偶然だと思っていた出会いが、のちのち思いもよらないつながりへと発展していきます。

「どうして、こんな方とご縁がつながったんだろう？」

ここ数年、特に不思議なことばかりが起こっています。最初は自分でもよくわかりませんでした。しかし、河合先生がおっしゃっていた「コンステレーション」の感性で起きた出来事を紐解《ひもと》いていくと、明らかにひとつひとつの「点」が浮かび上がってくるのです。

編集を担当してくださった七沖さんが、なぜ河合隼雄先生の動画を見るようにすすめてくれたのか。その真意がわかりました。

あのときの、あの出会い（点）がなければ、つながっていなかったご縁。だからこそ、毎日の「点」を大切にしたいと思います。

「点」を打つように今を生きたいと思います。

心のコップと器の話

ある日、仲間のみんなで集まっているとき、こんな話になりました。

「心のコップと器の大きさって、別のものなのかな？」

私はその話を横で聞きながら思ったことを言いました。

「えぇーっ？　全然違うやん。むしろ、どうして同じだと思うの？」

まさみん的な解釈は、こんな感じです。

心のコップとは、字のごとく自分の心の中にあるコップです。

このコップの中は満たされていくと、どんどん水が貯《たま》まっていきます。

そして満タンになると、感謝の心でいっぱいになるのです。それは、すべてに「ありがとう」の世界が広がっていく感じ。湧き上がってきた水が、じわーっと静かに広がっていきます。


でも、みんなから質問が出ました。

「どうやって、満タンにするの？」

私がいつもやっている「心の満たし方」を紹介します。

◎小さな変化を褒める、肯定する

「わー！　昨日よりもできてる！」

◎常に肯定的な言葉を使う

「いいやん！　最高！　天才！」

◎自分が楽しいこと、やりたいことをたくさんやる

「これがやりたいからチャレンジしてみよう！」

◎やってもらったことに対して全力で感謝する

「ありがとう!!」

これをひと言で表現すると、こうなります。

「毎日を大切に生きて、自分を大切に扱い、大切な人を大切にする」

そして最も大切なことは、このコップには「自分が注ぐ！」って決めないと貯めることができない、ってこと。「えっ？　まわりの人たちも注ぐことができるでしょ？」と思う人もいるけれど、違うのです。

厳密にいうなら、まわりの人たちからだけの力では、自分の心のコップを満たすことはできません。

例えば、「それって才能だよ」とか「あなたの◯◯が素敵」「あなたはすごいよね」など、そういうことって、自分の心のコップに水を注ぐきっかけにはなります。

ところが、ついつい「そんなことないです！」などと、謙遜《けんそん》して言ってしまいがちです。昔の私もそうでした。でも、人間の脳は、自分が言った〝言葉〟をそのまま受け止めて、そのままを判断します。

「そんなことない」と自分で言ってしまえば、心のコップに蓋《ふた》をする状態になり満たされることはありません。それって、とてももったいないことです。

人から言われた言葉を素直に、

「ありがとうございます！」

そう受け止めることができれば、心のコップの水は溜まっていきます。つまり、自分が発した“言葉”の選択や、受け取り方しだいで、水の満たされ具合は決まっていくのです。

もうひとつ。どんなに心のコップに水を注いでも、まったく溜まらないときがあります。どんなときだと思いますか？

それは、コップが下を向いているときです。いくら注いでも溜まるどころか、全部が流れていってしまいます。

上を向けるための方法は、「上に向ける」って意識すること。何それって思うかもしれませんが、自覚することが大切なんです。まるで空を見上げたら笑顔があふれてくるように、

「私は、自分の心のコップをいつも上に向けています」

そうやって自覚しながら実践していれば、水は必ず溜まっていきます。

そして、もうひとつの「器」について。
器の大きさについてまさみん的解釈は次のとおりです。

1「受け入れる力のある人」

目の前の人の意見や社会のいろいろな出来事など、それを素直に受け入れられることができる人。

2「突然のピンチをチャンスととらえて行動できる人」

何が起こってもとらえ方次第で、すべてが変わることを行動で示してくれる人。

3「何かあったときに人をゆるす力がある人」

人は完璧ではないし、間違いや失敗をすることもあります。そのときに「大丈夫！ 次はこうしよう」と許して受け入れてくれる人。過去の失敗に焦点をあてるより、今の失敗を未来にどう活かすかを示してくれる人。

4「心に余裕がある人」

いつも穏やかで、どんとかまえてくれている人。心に余裕がある人って、毎日を大切に生きている人が多いと思います。

私が思う「器が大きい人」のことを書きましたが、人によっては、相手によって器の大きさが変わる人もいます。

例えば、他人には大きくても、家族に対しては小さい、とか。ドキっとしませんか？（笑）。

でも、これってもったいないんです。

身近なものを大切にする。
毎日を充実させて、日々ご機嫌に生きる。

これだけで人生は変わると私は思います。だから、ぜひ今日から家族に対しても器の大きな人になれるよう心掛けてみてください。

何があっても、まずは受け入れる。
突然のピンチが訪れても、チャンスに変える。
誰かが失敗したときにはすぐに許し、心に余裕をもって接する。

そんな3つを意識するだけでも、毎日がキラキラと輝いてくるだけでなく、自分の「器」も大きくなります。

自分の正義や価値観を人に押しつけていた過去の私。

自分の失敗はもちろんのこと、人の失敗もゆるせませんでした。人の失敗がゆるせないぶん、自分が失敗するのが怖くなる負の連鎖。それが、毎日積極的に自分から挑戦していくようになってから、たくさんの失敗を経験しながら乗り越えていく中で、いつしか人の失敗もゆるせるようになりました。

経験の中で学び、「器の大きい人」に出会うと、自分が成長できていることを実感することができました。

今日も自分を大切にしながら、心の器を広げていきましょう。

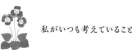

純度100%で生きる

純度100%で生きたら純度100%の仲間ができるから、さらに幸せになれる……私が最も大切にしていることのひとつです。
ずっと夢見ていました。
1人ひとりが自分に集中し、才能を使ってお互いに助け合う理想の世界。全国に仲間ができると「これこれ！　その世界が今ここにあるやん！」って心から思えるんです。みんなには感謝しかありません。
理想の世界は、私1人では実現できないけれど、みんなと一緒なら実現できる。毎日そう思えることが幸せです。

「To do で始まる毎日よりも、Want toで始まる毎日を積み重ねる」

それが私のやっている「午前3時の手帳会」が大切にしているコンセプトです。

「人生は1日1日の積み重ね」

もっというなら、一瞬一瞬を積み重ねていくことがとても大事で、その一瞬をどれだけ感じることができるかで、人生は変わります。そう、感じられるかどうかが大切なのです。

いつもの時間より、ちょっとだけ早く起きて「Want toの時間」をとってほしいと思います。

◎自分のために本を読む

◎自分のために手帳を開く

◎自分のためにコーヒーを淹《い》れる

◎自分のために音楽を聴く

あなたの心を満たすことで、あなたも、あなたのまわりもハッピーになっていきます。

もともとは自己肯定感が低くて、自分のことが大嫌いだった私。

「自分を変える！　言い訳はやめる！」

そう決めてから数年後、みんなからも「いいやん！」って認めてもらえるようになりました。認め合うって、すごく大切なことです。


自分が嫌いだったから、自分のことが嫌いな人の気持ちがわかる。

自分が変わりたかったから、自分のことを変えたいと思っている人の気持ちがわかる。


自分が好きなところ、自分が嫌いなところを感じることは、とても大事です。

「純度100％で生きる」とは、素直な気持ちで自分を感じられることなのです。それを感じて、知っているだけでも、私は成長できると思っています。

誰かをマネしなくてもいいんです。

誰かの気持ちに影響されなくてもいいんです。

もっと自分に問いかけてみてください。

あなたの中にある、あなただけの答えを導き出してみてください。

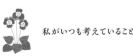

「いいやん！」の好循環

「まさみんって、いつも『いいやん！』って言うよね」

確かに言います（笑）。どうしてなんだろうと自分でも考えてみました。

私は、「いいやん！」と思うものを素直に受け入れて発信しているだけなんです。

もちろん「いいやん！」って思ったものが、すべての人に受け入れられるわけではありませんが、必要としている人に、必要なもの、必要な場所や情報が手に渡ったとき、その価値がさらに上がって、心から「ありがとう」と言われます。

まわりの「ありがとう」が増えて、たくさんの「ありがとう」が日常的に飛び交うようになったとき、そんなプラスの循環が、さらに大きな循環となって、

「ドーーーーン！」

と、まるで花火が打ち上がるみたいに、すべて自分に返ってきます。

「いいやん！」

この言葉から生まれてくる感謝の思いは、ほんとうに循環していきます。

そして、まわりの人が認められれば認められるほど、どんどん自分も満たされて、成長していきます。

人の成長って、具体的にどういうものなのか？　まとめてみました。

【集団の中の自分】
↓
【個人の進化】
↓
【魂があることを知る】
↓
【変化・成長を味わう】

←【言葉の成長】

←【個々が誰かのために生きる】

←【時代と合致しているかを見る】

←【世界を視野に見る】

今、自分がどの段階にいるのか、そしてどう成長していくのかを知れば、自分の視点も変わると思います。

「いいやん！」の言葉が創り出す世界。

あなたは、どんな世界を創りたいと思っていますか？

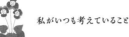

教えて、まさみん

才能って、どうやって見つけるの？

「私に才能なんてない」

以前の私は、ずっとそう思っていました。人としても全然ダメで、だから私は何もできないんだって、自分のことを責めていました。

やりたいことをやろうとすると、必ずまわりの誰かに止められて、不安になったり、落ち込んだりしながら、結局「何もしない」ことを選択していたのです。

そのときの人生は、ほんとうに苦しくて、生きている意味なんて、まったくわかりませんでした。私がここにいる意味って何？　考えれば考えるほど、答えは出てきません。

大人になったら変わるかな、仕事をし始めたら変わるかな、結婚すれば変わるかな、子どもを産めば変わるかな……。

そんなふうに思っていましたが、そう簡単に〝自分〟は変わりませんでした。そんな自分が嫌で仕方なくて、自分に嘘をつき続けるのが苦しかった日々を過ごしていました。

でも、ある日、突然、吹っ切れた瞬間がありました。

「どうせ苦しいのであれば、やりたいことをやらずに苦しむよりも、やりたいことをやって苦しんだほうが、いいやん！」

そう思ったとたん、やりたいことを行動に移すことができるようになりました。

できるかできないかじゃなくて、やるかやらないか。

それだけを決断したらいいと思ったのです。

もちろん、行動に移しても、すぐにできるはずはなくて、失敗もたくさんしましたが、「どんなに失敗しても失うものは何もない」と考えられるようになりました。これまで挑戦したこともなかったので、失敗することが新鮮でした。

「あなたの行動は意味がわからない」
「そんなことをやって意味はあるの?」
「そんなので、ご飯は食べていけるの?」

やった人に言われるならまだしも、そう言ってくる人は、あなたがやろうとしていることをやったことがない人がほとんどです。

だから私は、**「あなたの行動に共感します。一緒にやりたいです」**って仲間になってくれる人たちを大切にしました。

一緒にいて心地いい人、「いいね!」って言ってくれる人、応援してくれる人、そして仲間になってくれる人を大切にしようって決めて、その人たちを喜ばせることに集中したのです。

みんなが喜んでくれるのを見るたびに、自分の心も喜んで、そうすると自分のできることもどんどん増えていき、自分のまわりには大好きな人たちがあふれました。

自分の世界は、自分で選ぶことができるのです。

そして、自分の思いをずっと伝え続けてみてください。

どんな社会にしたいのか？　どんな未来を思い描いているのか？　自分がどんな行動を取りたいのか？　ずっとずっと同じことを言い続けていると、あなたの思いに共感してくれる人が必ず現れます。

「同じ志をもつ仲間」

志が同じなら、心がつながって、上辺だけのつき合いになんてなりません。

そうやって、どんどん才能も磨かれていくのです。

教えて、まさみん

場づくりって、どうやってやるの？

私が〝場づくり〟で大切にしていることは、次の3つです。

◎主体的であること
◎安心・安全な場であること
◎純粋で素直であること

まずは、その「場」に関わる1人ひとりが、他人事ではなく自分事としてとらえ、受け入れることが大事です。

そして、たとえ何も発言しなくても（できなくても）、受け入れてもらえる安心安全な「場」をつくり続けることを意識しています。なぜなら、安心・安全な環境は、1人ひとりをすくすくと成長させる土壌だからです。

なかなか一歩が踏み出せない人も、まわりのみんなが成長していく姿を見て、小さな一歩を踏み出そうとする連鎖が生まれるのです。

そして、何より大切なのは、**純粋で素直であること**。余計な下心をもつことなく、純粋に素直に自分の命を何に使うのか？　そこに集中していたら、人の悪口や争いごとに時間を使わなくなります。


これからは、もっと「個」が輝く時代です。

自分と向き合うことで自分自身の能力を高めていき、その「個」が集合することでチームとなり、地球全体を良くしていく。

そんなイメージを描いていくのです。

教えて、まさみん

問題の解決方法は、どうすればいい？

これはよく聞かれる質問です。仕事のこと、家族のこと、夫婦のこと。いろいろなことで問題は起きますが、私の**「こうしたらいい」**は簡単です。

理想とする未来があって、現在地を知ることができたら、**「そのギャップを埋めるには、どうすればいいのかなぁ？」**それを考えたらいいだけです。そして、そのギャップを埋めるために必要なことを考えてみてください。

ポイントは、今の自分ができるかできないかではなく、**「何が必要か？」**

それだけに集中して、ピックアップしていくことです。あれもこれも出てきたら、そのひとつひとつを「どうすればできるかな？」と考えて行動に移していきます。

調べることから始めてもいいし、誰かに尋ねることから始めてもいい。自分で発信することから始めてもいいです。

とりあえずやってみて、トライ&エラーをくり返しながら、自分なりの方法を導き出していくことが経験となり、力となっていきます。

難しく考えれば難しいけれど、簡単に考えれば、とても簡単です。

例えるなら……トイレに行きたくなったらトイレに行く！

それくらいにシンプルなのです。

トイレの行き方とかやり方は、いちいち考えませんよね？

すべてをシンプルに。必ず解決しますよ！

教えて、まさみん

どうしたら、そんなに続けられますか？

「点を打つ」でも書きましたが、私がいつもやっていることは、全力で「点」を打つことのみです。そうやって打った「点」が、どんなふうに未来につながるのか誰もわかりませんが、「やる！」と決めたことをひとつひとつ行動しながら形にしていく過程で、１人また１人と仲間が増えていきました。

大切なことは、

「まずは１人でもやると決めること」

いつもそこからがスタートです。

その覚悟があれば、何が起こっても続けられます。

１００人いれば１００人の思いがあります。

１人ひとりが違っていて、それでいいし、それがいいのです。

いろいろな思いがある中で、「あなたの思いに共感します」と言ってくれる人と巡り会えたときの喜びは何物にも代えがたいものです。

１つひとつの出会いは奇跡です。

その奇跡を信じて、一歩ずつ今日も前に進むこと。

それが私のやり続けられるいちばんの理由です。

限りある時間、限りある命を、あなたはどう使いますか？　どう過ごしますか？　誰と共に歩みますか？

私はいつも、そのことを考えています。

まさみん応援メッセージ④

可愛いモンスター、まさみんへ

赤塚《あかつか》高仁《こうじ》さん

人と人との出会いは、いつもいきさつを超えた大きなチカラが運んでくれる。その縁によらずして、私たちは生きてゆくことはできない。また、知り合ってからの長さや会った回数よりも、私は出会いの深さを大切にしたい。

まさみんと初めて会ったのは、伊勢神宮の外、おはらい町だった。

なんとくったくなく笑う人なんだろうかと、もらい笑いをした私。

人の話をこんなにも嬉しそうに聞く人を、久方ぶりに見た。

メールでやり取りをするうちに、「午前3時の手帳会」という集いを主催していると聞き、オンラインの集会にも遊びに行ってみた。

そこでは毎朝3時に全国の仲間が集まり、講演会や読書の感想、思いのシェアをしている。

たった2人で始めた会に、いまでは毎朝100名近い仲間が集う。

まさみんは、手を挙げる人を選ぶ。ときに指名して話を拾い上げる。

驚くべきことに、彼らが話したかったことの趣旨を握りしめ、その中から最も重要なポイントをひとつとつないし、ふたつに絞ってまとめ上げて投げ返す。

すると、聞いている人の腑《ふ》に落ちる。

まさみんは、会話でなく対話の達人である。

会話は相手の話を聞いているようで、結局自分が何を話すのかを常に考えているため、自分の頭の中の声しか聴いていない。

しかし、対話は相手が言葉する「意図」を聴く。

だから常に相手に寄り添う。

やがて、まさみんは、私の講演会に足を運んでくれるようになった。滂沱《ぼうだ》たる涙を流して聞いてくれるまさみんの姿に、講師としての私も魂が震えた。ああ、この人はほんとうに学ぶことが好きなのだと思えた。

多くの人は、学校を出たら勉強をしない。その学校での勉強も、自分のためのものではなく、みんなと同じであり続けるための儀式であるのだけれど……。まさみんは、自分の人生のために学びを続ける、ほんとうの勉強の意味を知っている人だとわかった。

まさみんは、私の本を読んでくれるようになった。

仲間たちと最初のページから最後の1行まで「音読」してくれた。著者の私ですら、全部を音読などしたことはない。毎朝夜明け前に音読してくれている画面を見ながら、胸を熱くした。作家冥利《みょうり》に尽きる。

まさみんは、何事も「急いで」やる。

旧約聖書・創世記には、ユダヤ人の父祖アブラハムの物語が書かれている。アブラハムが、天使と出会う場面で、

「アブラハムは急いで天幕に入り言った、『急いで細かい麦粉をとり、これてパンを造りなさい』アブラハムは牛の群れに走って行き、柔らかな良い子牛を取って急いで調理した」

とある。

わずか3行の中に、「急いで」が3度も出てくる。それが、アブラハムが神に愛された最も大きな要因のひとつだとわかる。だから、まさみんも神さまから愛される。

まさみんは、**「決めた未来だけが実現する」**ことを知っている。

だから決めるし、仲間たちにも決めることを促す。

そして、行動だけがすべてを解決することを知っている。

考える前に、動く。


だが、素直で学び好きなまさみんが単純なプラス思考の人だと私は思っていない。

彼女は、自分の闇《やみ》を知っている。

その闇に降りて、ほんとうの自分と向き合い、その自分を認め、受け止め、受け入れ、承った歴史があると私は感じる。

彼女が絶望の中にあったとき、そこで希望を見出したに違いない。

絶望の闇を体験したものにしか、希望の光は見つけられないのだから。

闇に降りて、光を生きることを決めたまさみん。

だから、まさみんの光は誰も裁かず、人を許し、立ち上がらせる。

開運モンスター、まさみん。
旅は、どこに行くかより誰と行くかだ。
人生という旅を誰と歩くかだ。
あなたは無敵だ。
1日の始まりを開運で始める新しい道を創造し、日々を歩き続ける君に祝福あれ！

［プロフィール］
作家・講演家。1959年、三重県津市生まれ。日本の宇宙開発の父、ロケット博士として世界に名高い故・糸川英夫博士の一番の思想継承者。日本とイスラエルとの交流に人生を捧げた糸川博士の遺志を継ぎ『ヤマト・ユダヤ友好協会』の会長を務める。イスラエルを30年30回以上訪れ、1000人を超える人々に人間イエスを伝える導き手として活躍している。ユダヤ人の人生の成功のエッセンスである「聖書」に学び、現地を旅し、足の裏で読み解き、人類の知恵の書として伝える「人生が変わる聖書塾」を全国で開催。主な著作として『お父さん、日本のことを教えて！』『あなたに知らせたい日本という希望』『聖なる約束シリーズ』『日本よ永遠なれ』などがある。

エピローグ

唯一無二の人生を生きる

数ある本の中から、この本を手に取り、そして最後まで読んでくださったあなたに心からお礼を言いたいです。ほんとうにありがとうございます！

本の活字を見たら眠くなり、読み進めることがまったくできなかった私が、まさか書き手として本を出版する日が来るなんて……今でも、夢のようです。

自分の生きている意味がわからなかった私が、どのようにして今を全力で生きることができるようになったのか、この本を通じて、少しでもそれが伝わったら嬉しいです。

以前の私は自分に自信がなくて、「でも…だって…どうせ…」と言い訳ばかり。まわりの目や意見ばかりを気にして、自分を失い、何をしても心が満たされることはありませんでした。

そのときには、想像もできなかった世界が、今、私の目の前には広がっています。

「今世は、終わったな。来世に期待しよう」

そう考えてすらいた私。自分次第で人生はいくらでも、そして、いつからでも変えることができるんだなぁと、あらためて思います。

もし、昔の私のように悩み、苦しみ、自分の人生を変えたいと思っている方がいて、この本に書いたことが、そのような方たちの生き方を変えるきっかけになれたなら……これからの人生に希望をもつことに少しでもお役に立てたとしたら、私にとって、これ以上の喜びはありません。

「私は私の人生を生きる」

ここからすべてが始まりました。時間がなくても、お金がなくても、自信がなくても、決めた日が新たな人生の始まりとなります。

この本を執筆しているあいだに、行動科学研究所の創始者である岩田静治《いわたせいじ》さんとご一緒するご縁をいただきました。

先生はなんと御年85歳（令和5年6月現在）!!　自然をとても大切にされていて、「自分の物語を生きること」をモットーに、いつもたくさんの大切なことを私に伝えてくださいます。

例えば、どんぐりの話。どんぐりを手に取りながら、先生は言います。

「このどんぐりは立派な樫《かし》の木に成長する。それって、すごい変容なんだよ」

どんぐりの中には「樫の木になる」ことがあらかじめプログラムされているそうです。もちろん外側からはわからないし、中身を開けても、私たちの目には何も見えません。でも、そこには間違いなくプログラムが「ある」のです。１００個のどんぐりがあれば、１００本の樫の木になるプログラムがあり、同じ樫の木にはなりません。そして、先生は続けます。

「どんぐりのままで、終わりたいどんぐりはいないと思わない？　これって人も同じなんだよ」

私たち人間も、１００人いれば、１００の魂があり、１００通りの人生を生きることになります。誰１人として同じ人生はありません。誰かの人生を生きるのではなく、唯一無二の自分の人生を生きるのです。

生まれてきた命、いただいた命を精いっぱい生き、どんぐりが樫の木になるように、生きている限り自分の木を成長させたいと私は思います。


人生で出逢う、人とのご縁は奇跡です。

この本の出版は、編集者の鈴木七沖さんとのご縁で実現しました。鈴木七沖さんとのご縁は、『習慣が10割』の著者である吉井《よしい》雅之《まさし》さんからいただきました。

吉井雅之さんとのご縁は、本を勧めてくれた友人のゆきちゃん。そうやってたどっていくと、今まで出会った人たちとすべてつながっていきます。

誰か1人でも欠けていたら、きっと今の私はいません。

すべてが必然で、それはまた奇跡なのです。

最後になりましたが、出版にあたり、多くの方にお力添えをいただきましたことに、心から感謝申し上げます。

20代の頃から大好きで自由に世界を旅する髙橋歩さん。いつも優しく全力で生きる楽しさを教えてくださる山﨑拓巳さん。ものの見方を180度変えてくれて、親子で大好きなひすいこたろうさん。2022年、会いたい人ランキングNo・1で日本の暦や習わしを教えてくれる崔燎平さん。日本人として大切なことを教えてくれる赤塚高仁さん。私が何もできない頃から、そのままでいいよ！　と応援してくれた青木千草さん。

毎朝「おはよう！」と、ありのままの私を受け入れてくれる、エイミーや午前3時の手帳会のみんな。イラストを書いてくれたあやちゃん。自分のことを自分以上に信じてくれて、自分の可能性を自分以上に認めてくれて、自分の存在を自分以上に喜んでくれてありがとうございます。

わたしが私で生きるように、あなたはあなたで生きられますように。自分が満たされあふれた幸せが、世界へと広がっていきますように。

すべてに感謝。

まさみん

まさみん プロフィール

1985年生まれ、滋賀県出身。3児の母。朝活ファシリテーターとして、自分を知り、幸せに生きる習慣づくりをサポートする事業を展開。2015年、11年間勤めた市役所を「自分の人生を生きる！」と決めて退職。2016年、NPO法人くさつ未来プロジェクトの立ち上げに従事。副代表理事を勤める。「目の前の人を笑顔にする。人と人とをつなげる」ことをモットーに、まちづくり活動を精力的に行う。 2018年9月から筆文字アーティストとして活動を始め、筆文字を通して自分と向き合う大切さを知る。「365日の問いかけ×朝活おとまな」「365日の自習室 午前3時の手帳会」の主催者。2020年7月から友人と2人で「午前３時の手帳会」をスタート（2023年4月3日に1000回達成）。毎朝開催するうちに口コミで広がりfacebookグループには約700人が参加。毎朝100人が集う朝活となる。大切にしている言葉は「To do から始まる毎日を Want toから始める毎日に」。

◎“まさみん”吉川真実 活動の詳細はこちら
https://linktr.ee/masami.yoshikawa.smile?

開運モンスター

発行日 2023年６月30日 第１刷発行
2023年７月15日 第２刷発行

著 者 まさみん
発行者 清田名人
発行所 株式会社内外出版社
〒110-8578 東京都台東区東上野2-1-11
電話 03-5830-0368（企画販売局）
電話 03-5830-0237（編集部）
https://www.naigai-p.co.jp
印刷・製本 中央精版印刷株式会社

ISBN978-4-86257-661-3 C0030

【内外出版社の本】

話題沸騰！ 絶賛発売中

光らせる人が光る人
みんなが幸せになれるご機嫌な法則

ソウルサーファー **香取貴信**

プロローグ
　波乗りから教えられたこと

エピソード1
　香取、本音で話します。

エピソード2
　人を光らせるときの心得

エピソード3
　ようこそ、ネクストステージへ！

エピソード4
　光らせる人たちへ

エピローグ
　やっと気づけた自分の使命

定価**1,650**円（本体1,500円+税10%）　ISBN978-4-86257-649-1